酵母から考えるパンづくり

はじめに

　パンの世界に足を踏み入れて30年余。伝統や文化から学び、人や素材との出逢いを糧として世に送り出してきたパンも数えきれないほどになった。本書は、主に「ユーハイム・ディー・マイスター」「パティスリー ペルティエ」「フォートナム＆メイソン」のシェフブーランジェ在任時に考案したパンを中心に編纂したものであり、自分の頭と身体に宿っていたレシピをこのように文字と写真で表すのは、私にとって初めての試みである。これまでのスペシャリテを網羅することになり、一パン職人としての挑戦の軌跡をつぶさに辿るものとなった。

　掲載レシピについては、プロのつくり手の方々に使いこなしていただけるよう、再現性の高さに気を配った。と同時に、その配合に至るまでのイメージの育て方、アイデアを形にする方法をも織り込んだつもりだ。本書に収められたパンは、よく知られた名前や形状のものであっても、その配合や製法はかなり個性的である。つくっていて戸惑われることもあるかもしれないが、ひとつひとつの素材やパンにつくり手として向き合い、そのもっとも美味なる在りようを模索したうえの必然がそこにあることを、実際に手を動かしたり味わったりしながら感じとっていただければ幸いである。また、酵母や発酵を理解するには、少なからず科学的な知識が必要である。本書では解説しきれなかった内容も多く、不明な点は製パン科学を説く本などで補っていただければと思う。

　日々の作業のなか、つねに新鮮な情熱を燃やし、挑戦し続けていくには、大変な気力、体力が必要である。しかし、それこそがパン職人の醍醐味であり、これからの日本のパン業界が必要とする姿勢だと考える。本書がその一助となれば幸いである。

2007年4月

志賀 勝栄

発刊に寄せて
哲学するパン職人

「人はパンのみにて生きるにあらず」——有名な言葉だが、キリストの肉と呼ばれるパンは人類の必需品である。

このたび当社のパン部門の総責任者であった志賀勝栄氏が、独立に際して著書を出版されることは誠に喜ばしいことである。志賀氏は哲学するパン職人であり、自然発酵種を用いたパンづくりの達人である。フランスやドイツのパンに造詣が深く、低温長時間発酵によるバゲットやライ麦配合の黒パンは天下一品である。

「パンの配合と製法がまったく同じでも、パンづくりに魂と思い入れがなければよいパンはできない」というのが志賀氏の考え方である。「味はその人のイメージのなかにあり、パンはつくり手の人間性の表現である」「うまさの秘密を明かしていくのが私のライフワーク」と言っておられる。当社のパン職人が志賀氏の背中から学んだものは、パンに向き合う真摯な取り組み姿勢であり、入魂して丁寧につくることだ。

本書によって、オリジナルな配合と製法は世に開示されるが、読者の方々には行間を読み取っていただき、パンづくりの真髄を会得してほしい。

当社の創始者、カール・ユーハイムが90年ほど前に広島県似島の俘虜収容所で毎日パンを焼き、祝祭日にはバウムクーヘンを焼き上げたのと同じ思想で、入魂してパンを焼く新職人（ニュー・クラフトマン）、志賀勝栄氏にエールを送る。

2007年4月

株式会社ユーハイム

代表取締役社長　河本　武

酵母から考えるパンづくり——目次

本書のパンづくりに必要な知識

酵母、発酵種を考える——発酵を理解するために 10
酵母とは何か——発酵の仕組み 10
　酵母とは微生物の一群を総称する呼び名 10
　こうして発酵は起こる 10
　発酵種とは何か 10
発酵種づくりの注意点 11
　雑菌や他の酵母を混入させない 11
　発酵種は有用成分を多く含むフレッシュな粉でおこす 11
　発酵種はつねに変化し続けている 11
イーストや発酵種はそれぞれの特徴を生かして使い分ける 11
　発酵力で使い分ける 11
　形状で使い分け、量を見極める 12
　風味で使い分ける 12
　イーストや発酵種をさまざまに組み合わせて使う 12

イーストの特性を知る 13
イーストを知り、他の発酵種の理解を深める 13
　イーストは発酵力に優れた製パン材料 13
イーストの利点と欠点 13
イーストの生かし方 13
　イーストの欠点を感じさせない微量イースト・長時間発酵 13

老麺をつくる——老麺の特性を知る 14
レーズン種をつくる——レーズン種の特性を知る 15
ルヴァン種をつくる——ルヴァン種の特性を知る 16
ルヴァン液種をつくる——ルヴァン液種の特性を知る 17
ホップ種をつくる——ホップ種の特性を知る 18
サワー種をつくる——サワー種の特性を知る 20
レモン種のつくり方 185

パンづくりの基本 22
1. 作業環境を整える 22
　工房の温度を一定に保つ 22
　機器や道具の殺菌 22
2. 材料を準備する 22
　粉はフレッシュな状態に保つ 22
　粉をふるう意味 22
　ドライフルーツ、ナッツは水分を含ませておく 22
　バターは温度を上げずにやわらかくする 22
　水の温度でこね上げ温度を調節する 23

3. 製法はパンの設計図——パンに合った製法を選ぶ 23
　オートリーズ法の利点 23
　中種法の利点 23
4. ミキサーの機種と生地の相性 23
　生地に合ったミキサーを選ぶ 23
5. 材料を加える順序、加え方 24
　分散させにくい少量材料は粉か水に混ぜる 24
　低速で材料を混ぜ、高速でグルテンをだす 24
　固形材料は小さくちぎり、ナッツなどは最後に加える 24
　バター、砂糖は配合量が多ければ2回に分けて加える 24
　水分の出やすい副材料はミキシング時に加えない 24
6. こね上げた生地の扱い方 25
　こね上げた生地の移動 25
　生地はまとめて生地箱に入れる 25
　生地量に見合った生地箱を使う 25
7. 発酵はパンづくりの心臓部 25
　ホイロの温度・湿度調節 25
　冷蔵長時間発酵、低温長時間発酵とは？ 25
　冷蔵・冷温長時間発酵の利点、長時間発酵に適さないパン 26
　発酵の見極め 26
8. 発酵生地の扱い方 26
　赤ちゃんに触れるようにやさしく扱う 26
　手粉に適した粉 27
　キャンバス地にのせる意味 27
　なぜ〈休ませる〉のか 27
9. ボリュームアップ——空気を送り込み、上に膨らませる 27
　本書の生地に強いパンチは必要ない 27
　折りたたんでボリュームをだす 27
10. 分割・丸め・成形の注意点 28
　仕上がりの形をイメージして分割する 28
　丸め・成形はやさしく、とじ目だけはしっかり力を加える 28
11. クープを入れる意味 29
　クープを入れるタイミング 29
　なぜクープが必要なのか 29
12. 型の果たす役割 29
　籐かごの役割 29
　型焼きパンには生地に合った型を使う 29

13. **窯入れ前の注意点** 30
    取り板で生地をスリップピールに移す 30
    焦がしたくないものには粉をふる 30
14. **焼成――オーヴンの中で起こっていること** 30
    機種により焼成温度、時間、焼け方が変わる 30
    上火と下火のバランス、温度設定の仕方 30
    蒸気を注入する理由 30
    窯内の温度差 31
    生地は規則正しく並べ、詰めすぎない 31
    重いパン、小さいパンほど底が焦げやすい 31
15. **焼き上がったパンの扱い方** 31
    パンの賞味期限 31
    大型パンは焼成直後にはスライスできない 31

粉の基礎知識　32

1. **粉がパンの味と食感を決める** 32
    粉を組み合わせて好みの味をつくる 32
    生地の骨格をつくるための粉選び 32
    発酵中に酵母に与える作用で粉を選ぶ 32
    焼成中にどんな風味に変わるかで粉を選ぶ 32
2. **小麦粉を知る** 33
    小麦たんぱくからグルテンは生まれる 33
    小麦でんぷんの役割 33
    小麦粉の種類 33
    本書で使用した強力粉 34
    本書で使用したフランスパン用粉 34
    本書で使用したフランス産小麦粉 34
    本書で使用した全粒粉 35
    本書で使用した麺用粉(中力粉) 35
    本書で使用したセモリナ粉 35
3. **ライ麦粉を知る** 36
    ライ麦たんぱくはグルテン組織をつくれない 36
    パンの骨格づくりをじゃまするペントザン 36
    本書で使用したライ麦粉 37
4. **オーツ麦粉を知る** 36
    本書で使用したオーツ麦粉 37

本書レシピの注意点――凡例 38

①微量イースト・長時間発酵でつくるパン

- バゲット　Baguette　41
- バゲットムニエ　Baguette Meuniere　45
- 大納言　Dainagon　48

②イースト・通常発酵でつくるパン

- リュスティック　Pain rustique　53
- チャバタ　Ciabatta　57
- トマーテン　Tomatenbrot　60
- イタリエニッシュ　Italienisches Brot　62

③イーストでつくるリッチ&スイートパン

- クロワッサン　Croissant　67
- デニッシュ　Danish pastry　70
- イングリッシュメロンパン　English melon buns　73
- ブリオッシュ　Brioches　77

④老麺でつくるパン

- エーデル　Edelbrot　83
- ヴァイツェン　Weizenbrot　87
- ポワブル エ ノア　Poivre et noix　90
- セザム エ パタート　Sésame et patate　92
- イタリエンヌ　A l'italienne　94
- ビアブロート　Bierbrot　97

⑤ルヴァン種でつくるパン

- パン オ ルヴァン　Pain au levain　103
- ロジーネン&ヴァルヌス　Rosinen und Walnuss　106
- MARUブロート　MARU Brot　109
- パン ドーロ　Pan d'oro　113

⑥ ホップ種でつくるパン

- ●豆乳ブレッド　Soymilk bread　119
- ●ロイヤルローフ　Royal loaf　122
- ●ハニーブレッド　Honey bread〈商品名 イギリス山食パン(蜂蜜)〉　124

⑦ サワー種でつくるドイツパン

- ●ファインブロート　Feinbrot　129
- ●ロジーネン　Rosinenbrot　132
- ●ロゼブロート　Rosenbrot　135
- ●フロッケンセザム　Flocken-Sesam　138
- ●ラインザーメン　Leinsamenbrot　140
- ●ロッゲンフォルコン　Roggenvollkornbrot　143

⑧ レーズン種でつくるパン

- ●パン オリーブ　Pain aux olives　148
- ●ロワニョン　Roasted onion rolls　150

⑨ イースト、発酵種をさまざまに組み合わせてつくるパン

- ●パン ド カンパーニュ　Pain de campagne　155
- ●ハードトースト　Hard toast　159
- ●ビューリー　Bürli　163
- ●コテージ　Cottage bread　166
- ●キルシュブロート　Kirschenbrot　168
- ●アインパッケン　Einpacken　170

⑩ ベーカリーのお菓子

- ●シュトーレン　Stollen　175
- ●マローネン　Maronenbrot　179
- ●ル クール　Le cœur　183
- ●アプフェルシュトゥルーデル　Apfel Strudel　186
- ●コーニッシュサフランケーキ　Cornish saffron cake　189
- ●スコーン　Scones　192

巻末付録

丸め・成形の手順　196
補足レシピ　201
本書で使用した材料　202
本書で使用した機器・道具　204
索引　206

パン名の前に付した●●○のマークは、2007年3月時点でそのパンを販売している店舗などを表します。季節限定品や曜日限定品もあるため、事前に各店にご確認ください(各店の連絡先は巻末参照)。

● ユーハイム・ディー・マイスター　丸ビル店（閉店）
● フォートナム＆メイソン　三越本店など
○ 本書のために製作したパン
● 終売となり、現在は製造していないパン

撮影　　野口健志
デザイン　石山智博
組版　　有限会社 秋葉正紀事務所
協力　　八木あすか、なかよし図工室(成澤豪・成澤宏美)
編集　　美濃越かおる

本書のパンづくりに必要な知識

酵母、発酵種を考える──発酵を理解するために

酵母とは何か──発酵の仕組み

●酵母とは微生物の一群を総称する呼び名

パンの発酵と熟成は、麦と水と酵母が出合ったときから始まります。

酵母とは、古代より人類に貢献してきた微生物の一群であり、ある種の菌を総称する呼び方です。酵母は、穀類や果物などさまざまな食材に付着しており、空気中にも浮遊しています。

「酵母」の英訳が「イースト」ですが、この言葉は製パン材料名としても広く使われています。製パン材料としてのイーストは、みなさんがよくご存知の生イースト、ドライイーストなどであり、これらは酵母の中でも特に発酵力の強いSaccharomyces cerevisiae(サッカロミケス ケレヴィジアエ)という種に属する単一種を工業的に純粋培養したものであり、あまたある酵母の中の一部です。以下、本書の文章中に出てくる「イースト」という言葉は、すべて製パン材料のイーストを指します。

●こうして発酵は起こる

酵母は、酵母を取り巻く環境(培地)の影響を受けながら活動します。活動しやすい条件(温度、pH、酸素、栄養量)が揃っていれば、酵母はパン生地中のさまざまな栄養を取り込みながら元気に活動し、分裂をくり返して増えていきますが、条件が揃わないと休眠状態に入ります。

発酵とは、酵母が活動することで起こる一連の変化、現象です。活動中の酵母は、生地内のショ糖やでんぷんを、粉や自らの体内に存在する酵素によってブドウ糖や果糖に分解し、そのブドウ糖や果糖をおもな栄養源として体内にとり入れ、消化、排出しています。ここで排出されるものが炭酸ガスであり、このとき同時に、アルコールや有機酸(乳酸や酢酸など香味成分になりうるもの)なども生成されます。生地が発酵中に膨らむのは、この炭酸ガスの仕業であり、生地が発酵物特有の酸味やにおいを発するのは、有機酸やアルコールの仕業です。

なお、発酵を引き起こすのは、何も酵母ばかりにかぎらず、他の菌種、たとえばサワー種に含まれる乳酸菌なども、同様にパン生地を発酵させられます。

●発酵種とは何か

本書ではイーストに加え、7種類の発酵種──イーストからおこす老麺、レーズン種、ルヴァン種、ルヴァン液種、ホップ種、サワー種スターターからおこすサワー種、レモン種──を使ってパンをつくります。

レーズン種、レモン種、ルヴァン種、ルヴァン液種、ホップ種──これら自然発酵種は、果物、小麦粉、ライ麦粉、ホップの実の煮汁などを培地として、それぞれの培地にもともと存在していた菌を培養してつくります。培地となる素材の味や香りも種に反映されるため、各々異なる風味を醸し、発酵力も異なると私は感じています。またサワー種は、スターターに含まれる乳酸菌を、培地である

ライ麦粉に植えつけて発酵させるもので、乳酸菌とライ麦が相俟って醸される特有の酸味が感じられます。

発酵種づくりの注意点

●雑菌や他の酵母を混入させない
　パンづくりも発酵種づくりも、酵母や乳酸菌などが活動しやすい温度、湿度の下で行いますが、それらが活動しやすい環境は、その他の菌、たとえば雑菌などにとっても活動しやすいものである可能性があります。工房内の道具や機器にはさまざまな菌が付着しているため、すべての道具を使用前にアルコール消毒しておきましょう。
　また、ホイロでの発酵中や冷蔵保存中も、他の酵母や菌が混入しないように、ラップフィルムをかけて密閉します。

●発酵種は有用成分を多く含むフレッシュな粉でおこす
　小麦粉やライ麦粉を培地とする発酵種の場合、粉の種類や品質によって発酵の進み方が変わってきます。
　発酵種づくりの初期段階は、挽いてから時間のたっていないフレッシュな粉、少量ずつ石臼びきした粉や粗挽き粉、麦の外側部分を多く含む小麦全粒粉やライ麦粉——こうした粉を使用します。これらの粉には、酵母になりうる菌がより多く存在し、さらに酵母や乳酸菌などの菌の活動に必要な酵素や栄養分が多く含まれているため、より発酵が進みやすくなるのです。もちろん、そうした粉であっても、冷蔵庫で管理していないとせっかくの有用成分が失われていくため、冷温保存されたものであることが前提条件です。
　いったん酵母や菌の数が増えたら、パンの仕上がり時の食感や風味を考慮して、細挽きの粉や灰分量の少ない粉などに切り替えていきます。

●発酵種はつねに変化し続けている
　発酵種は時々刻々、変化し続けています。仕込んでからの経過時間、使用時の工房の温度や湿度などにより、発酵力や酸味が変化します。どんな状態のものが発酵力があり、パンによい風味を与えられるかの判断は、pHをはかって酸性値を記録したり、味見をするなどして状態を記憶し、その種を使ったパンがどんなふうに仕上がるかを見定め、それを経験則として蓄積することに尽きます。経験を積み重ねれば、種の元気さが見分けられるようになり、配合量を加減したり、種つぎのタイミングもわかるようになります。

イーストや発酵種はそれぞれの特徴を生かして使い分ける

●発酵力で使い分ける
　イーストや発酵種は、発酵力にそれぞれ差があります。多量の糖分や油脂分を含む発酵させにくい生地や、是が非でもボリュームをだしたいパンには、発酵力の強いイーストや老麺が適しています。
　一方、適度なボリュームとかすかなしっとり感がほしいパンにはホップ種を使ったり、しっかりした噛みごたえやしっとり感がほし

いパンにはルヴァン種、サワー種が有効であり、フルーツ由来の甘みやコク、香りを生かしたいパンにはレーズン種やレモン種が効果を発揮すると私は感じています。

● **形状で使い分け、量を見極める**

　イーストや発酵種の形状は、乾燥した顆粒状、粉末状、かたい生地状、とろりとしたピューレ状、液状など、さまざまです。ミキシング時間の短いものには、生地に混ざりやすく、分散しやすい形状のものを選びます。

　また、粉本来の力を引き出すパンづくりを志向するなら、イーストや発酵種の量は最低限にとどめ、低い温度帯で時間をかけて発酵させる製法をおすすめします。

● **風味で使い分ける**

　パンの味づくりの表現の幅は、料理のそれにくらべて非常に狭いものです。狭いなかで工夫しようとするなら、粉や副材料のみならず、イーストや発酵種が醸す風味を味づくりの一要素として積極的に生かしてみてはどうでしょうか。

　発酵中には有機酸が生成されるため、発酵物には特有の酸味があり、その他に甘みやうまみとして感じられる風味、香りなどもあります。それら風味や香りは、イーストや発酵種をどの程度の量使用し、どの程度の時間発酵させるかにより変わってきますが、私の感じ方をごく大ざっぱにいえば、次のようになります。サワー種は酸味がでやすく、ライ麦の風味と相俟って奥深いコクが醸せます。ルヴァン種は酸味、甘み、うまみのバランスがとりわけ素晴らしく、老麺は酸味も甘みもごく穏やか。イーストも、低温で長時間発酵させると心地よい酸味やうまみを醸します。ホップ種には、ビールを思わせるようなかすかな苦みがあり、パンにほどよい雑味を与える絶妙な隠し味になります。レーズン種は他の発酵種にくらべて甘みが強く、生地の糖度を若干上げる効果があり、クラストが甘く、香ばしく焼き上がります。こうした酵母や発酵種の発酵風味のうち、酸味や苦みは、卵やバターなど動物性素材の重苦しいしつこさを中和する役目も果たします。

● **イーストや発酵種をさまざまに組み合わせて使う**

　場合によっては、イーストや発酵種を複数組み合わせて使用することも効果的です。一般的なパン生地の場合、発酵時間がおよそ2日間を超えると、弱い菌は強い菌に徐々に淘汰されていくそうですが、それ以内なら共存でき、それぞれの特性が生かせます。たとえば、生地を膨らませる役割を、抜群の発酵力を誇るイーストや老麺に担わせ、味に奥行きを与えるために、ルヴァン種の風味と香りをプラスしたり、あるいはレーズン種でクラストを甘く香ばしくする、といった複合的な生かし方もできるのです。

　また、ライ麦粉を使用するほとんどのドイツパンは、サワー種だけでは生地を膨らませきれないため、必ずイーストが併用されています。

イーストの特性を知る

イーストを知り、他の発酵種の理解を深める

●イーストは発酵力に優れた製パン材料

　イーストが酵母の中でも特に発酵力の強い単一種を純粋培養した工業製品であることは、10ページの冒頭でもふれました。イーストはさまざまな面において優れた製パン材料です。強く、安定した発酵力を持ち、保存しやすい形状で、維持に手間がかからず、安価で入手しやすく、だれにでも使える簡便なものです。なじみ深いこの材料の特性をもう一度見直し、そのうえで他の発酵種をとらえると、より理解が深まります。

イーストの利点と欠点

●イーストの利点

　イーストは発酵力が強く、発酵中に十分な量の炭酸ガスを安定して発生させられます。ガスの量が多いほど、生地はよく膨らみます。
　また、イーストはミキシング段階で粉が吸水した瞬間から酵母が活動を開始するため、生地がまとまりやすく、条件さえ整えば、ミキシング後の発酵の進行も早く、全工程に要する時間を短縮させることも可能です。

●イーストの欠点

　そんな優れたイーストにも欠点はあり、発酵力が強い分、生地がぱさつきます。また、パンが大きく膨らんで焼き上がるため、噛みごたえのないふわふわした食感になりがちです。さらに、短時間で発酵させると不快なイースト臭が最後まで抜け切らずに残ってしまい、パンの風味に影響をおよぼします。

イーストの生かし方

●イーストの欠点を感じさせない微量イースト・長時間発酵

　イーストの量を通常の半分以下に減らし、低温で12時間以上かけてじっくり発酵させる製法は、イーストの利点が最大限生かされ、欠点がすべて相殺される製法だといえます。量を減らせば発酵力、発酵のスピードともに低下しますが、時間をかけることでそれをカバーするのです。この製法でつくったパンは、不快なイースト臭が残らず、過剰な膨らみやぱさつきもなく、粉本来のうまみが味わえるものになります。ただし、この製法は、発酵を妨げる性質を持つ副材料や水分の出やすい副材料を配合するパンには適しません。

生イースト　酵母が生きた状態で存在するため、冷温保存が必要。ドライイーストよりも劣化が早い。水分に溶かして分散させる。本書ではP.202に紹介した国産品を使用。

ドライイースト　生イーストの最終製造工程で乾燥させたもの。水分、栄養としての糖分、温度を適切に整えて酵母を生き返らせる予備発酵が必要。本書ではP.202に紹介したコーティング加工していないフランス製を使用。

インスタントドライイースト　予備発酵の必要がない簡便なもので、発酵力が一番強い。冷水に加えると急速に水分を吸い込んで団子状に固まり、分散させづらくなるため、あらかじめ粉に混ぜておく。本書では202ページに紹介したフランス製を使用。

老麺をつくる――老麺の特性を知る

●イースト由来の発酵力、かすかな酸味と甘みがある

製パン用語で老麺といえば、中国料理の老麺のように自然発酵させるものではなく、イーストを使ったバゲット生地などを一部残し、一晩低温発酵させたものを指します。ここでは、3時間で速成する方法を紹介します。

老麺の魅力は、イースト由来の安定した発酵力を持ち、発酵させた分だけ、かすかな酸味と甘みが醸されているところ。そのかすかな発酵風味がパンの味にまるみを与えます。発酵力はイーストにくらべるとやや劣りますが、その分、クラムがぱさつかず、適度にしっとり感が残ります。

●老麺を使えば微量のイースト配合が可能に

計量不可能なほど微量のイーストを使用したい場合、老麺が重宝します。老麺なら、水や粉などの重量が加算されており、計量しやすいのです。

老麺の材料は（左上から時計と反対回りに）小麦粉、インスタントドライイースト、モルト液、塩、水

1. ミキシング	⏱4分　こね上げ22℃
2. 一次発酵	26℃ 80％ 1時間
3. 酵母を活性化させる	三つ折り×2回
4. 最終発酵	26℃ 80％ 70分
5. 冷蔵保存	冷蔵庫(6℃)　その日のうちに使い切る

配合（粉1kg仕込み）

フランスパン用粉(モンブラン)　100％(1000g)
塩　2％(20g)
モルト液＊　0.6％(6g)
インスタントドライイースト(サフ)　0.4％(4g)
水　約66％(約660g)

＊原液を同量の水（分量外）で溶いたもの。

1. ミキシング

粉にインスタントドライイーストを混ぜて分散させておく。ミキサーボウルに水、塩、モルト液を入れ、泡立て器でよく混ぜる。イースト入りの粉を加え、低速で4分こねる。こね上げ温度22℃。

2. 一次発酵

生地をまとめてボウルに入れ、ラップフィルムをかける。26℃・湿度80％で1時間発酵させる。

3. 酵母を活性化させる

手粉をふって生地を台にあけ、平らな四角形に整える。左右から1/3ずつたたみ、下、上からも1/3ずつたたむ(a)。
＊折りたたむことで新しい空気を送り込み、同時に適度に力を加えて発酵環境に変化を与え、酵母の活動をうながす。

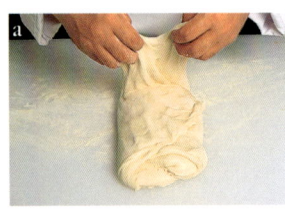

4. 最終発酵

たたみ終わりを下にしてボウルに戻し(b)、ラップフィルムをかける。26℃・湿度80％で70分発酵させたら完成(c)。

発酵前

発酵後

5. 冷蔵保存

冷蔵庫(6℃)で保存し、できるだけその日のうちに使い切る。なくなったら一からつくる。
＊冷蔵保存が24時間を超えると、少しずつ酸味がでてくる。酸味が強い方がいいなら2日目のものでも使える。ただし、2日目以降は発酵力が少しずつ低下する。

レーズン種をつくる──レーズン種の特性を知る

● **ぶどうの香りとまろやかな甘みが魅力**

レーズンと糖分で酵母をおこすこの種には、レーズンの風味と甘みが結集しています。この種の魅力は、発酵種としての役割に加え、パンに甘みを与える風味づくりの役割を果たせること。砂糖を大量に使用しますが、その多くは酵母の栄養として消化されるため、完成した種の甘みはまろやかです。この種を使うと、砂糖を添加したパンの甘みとは違った仕上がりになります。

発酵力はイーストよりも弱く、こね上げた生地はイースト生地にくらべてかなりべたつきます。

● **ドライフルーツとの相性がよく、クラストを香ばしくする**

この種にはレーズン由来のフルーティな風味があり、レーズン、カランツ、サワーチェリー、ドライイチジクなどのドライフルーツを配合する生地にとてもよく合います。また、クラストを甘く、香ばしく焼き上げたいときにも威力を発揮します。

レーズン種の材料は(左上から時計と反対回りに)無コーティングのレーズン、モルト液、グラニュー糖、水

配合・条件	1日目	2〜4日目	種つぎ
前種	—	—	10g
レーズン(無コーティング*1)	1000g	—	1000g
グラニュー糖	500g	—	500g
モルト液*2	20g	—	20g
ぬるま湯(約32℃)	2000g	—	2000g
混ぜ上げ温度	32℃		32℃
発酵条件	28℃・80%・24時間	28℃・80%・24時間	28℃・80%・約48時間
攪拌	—	朝夕2回	朝夕2回

*1 コーティング加工していないものを必ず使う。 *2 原液を同量の水(分量外)で溶いたもの。

1日目

ぬるま湯にグラニュー糖とモルト液を溶かし、レーズンを加えて混ぜる(a)。混ぜ上げ温度32℃。ラップフィルムをかけ、28℃・湿度80%で24時間発酵させる。

2日目

レーズンがふやけて少しずつ浮いてくる(b)。泡立て器で1日に2回(朝夕)攪拌し、28℃・湿度80%で発酵を続ける。

3日目

レーズンの周囲に微細な白い気泡がつき始め、液がわずかに濁ってくる。2日目と同様に発酵させる。

4日目

うっすらアルコール臭がしてくる。表面の気泡が増えてレーズンが完全に浮き、液がさらに濁ってくる。2日目と同様に発酵を続ける。

5日目=完成

初種完成。気泡が増えて液面が白っぽくなっている。目の細かいざるで漉す(c)。残ったレーズンからも汁を絞り取り、これも漉して合わせる。冷蔵庫で保存する。約2週間使用でき、10日以内に種つぎをする。

* 保存期間が3日間を超えると、徐々に酵母の力は弱くなるが、糖分を含むため他の種よりも日持ちがする。

種つぎ

1日目:ぬるま湯にグラニュー糖とモルト液を溶かし、初種(または前種)とレーズンを混ぜ入れる。混ぜ上げ温度32℃。28℃・湿度80%で24時間発酵させる。

2日目:泡立て器で1日に2回(朝夕)攪拌し、28℃・湿度80%で発酵を続ける。

3日目:表面に気泡が多数浮いていれば種つぎ完了。初種の5日目と同様に漉す。冷蔵庫で保存しながら使い、10日以内にまた種つぎをする。

混ぜ上がり=1日目	24時間後=2日目	3日目	4日目	5日目=完成

ルヴァン種をつくる──ルヴァン種の特性を知る

●フランスの発酵種の本流
　小麦粉を住処とする菌でおこすこの種は、もっとも根源的なパン種であり、フランスのパンづくりの本流です。フランスのパンの伝統に敬意を表し、その製法を踏襲したパンづくりをしようとするなら、この種を使うとよいでしょう。なお、生地状のこの種はルヴァンシェフとも呼ばれます。

●酸味、甘み、香りのバランスが絶妙
　ルヴァン種は酸味、発酵臭ともにほどよく、味と香りのバランスが絶妙です。この種を配合するとパンの味に奥行きが加わり、食事に合わせたときに、パンと料理が互いを引き立て合えるような味わいに仕上がります。また焼き色が濃く、香ばしくなる傾向にもあります。
　かための生地種なので、ミキシング時間の短い生地に混ぜ入れるときは、水にふやかして溶けやすくしておきます。イーストにくらべると発酵力は弱く、こね上げた生地はべたつきます。

ルヴァン種は小麦全粒粉と水だけでおこす、もっともシンプルで根源的な種

配合・条件	1日目	2・3日目	4〜7日目	8日目＝種つぎ
前種	—	200g	600g	1000g
小麦全粒粉（ビオタイプ170*）	100g	200g	720g	—
フランスパン用粉（モンブラン）	—	—	—	1140g
水	110g（約35℃）	200g	約360g	約600g
ミキシング・混ぜ（こね）上げ温度	28℃	28℃	Ⓛ10分・28℃	Ⓛ8分・25℃
発酵条件	28℃・80%・24時間	28℃・80%・24時間	28℃・80%・24時間	28℃・80%・3時間

＊他の全粒粉でもよい。フレッシュな粉ほどよい。

1日目
ボウルに粉とぬるま湯を入れてゴムべらでよく混ぜる（a）。混ぜ上げ温度28℃。表面をなめらかに整え、ラップフィルムをかけ、28℃・湿度80%で24時間発酵させる。

2・3日目
前日の種（前種）から表面の乾いた部分を取り除き、内側の状態のよい部分を200gボウルに残し、水と粉を加えてよく混ぜる（b）。混ぜ上げ温度28℃。表面をなめらかに整え（c）、ラップフィルムをかけ、28℃・湿度80%で24時間発酵させる。

4〜7日目
ミキサーボウルに水、前種600g、粉を入れて低速で10分混ぜる（7日目は水の量を適宜減らしてかたさを調節する）。容器に移して表面をなめらかに整え、ラップフィルムをかけ、28℃・湿度80%で24時間発酵させる。
＊4日目以降、生地が少しずつかたくなってくる。粉は全粒粉のかわりに、フランスパン用粉以上のたんぱく質量の小麦粉を使用してもよい。
＊4日目以降、徐々に発酵が進んで泥臭さが抜けてくる。6日目になると表面に微細なガスの抜け穴が多数開く。

8日目
軽い酸味とかすかな苦みがでてくる。
ミキサーボウルに水、ちぎった前種、粉を入れ（d）、低速で8分こねる（e）。こね上げ温度25℃。丸くまとめて容器に入れ（f）、ラップフィルムをかけ、蓋もして、28℃・湿度80%で3時間発酵させれば初種完成。完成時pH4.1程度。冷蔵庫で保存する。2日間使用でき、2日以内に種つぎをする。

種つぎ
8日目と同様に仕込み、同条件で発酵させる。冷蔵庫で保存しながら使い、2日以内にまた種つぎをする。

a

b

c

d

e

f

混ぜ上がり＝1日目

24時間後＝2日目

3日目

4日目

5日目

6日目

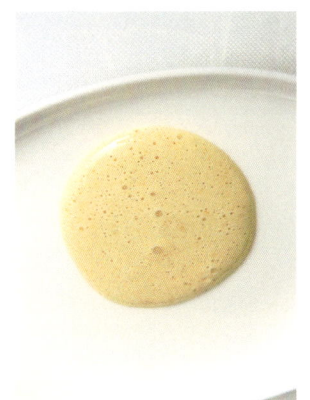

ルヴァン液種をつくる──ルヴァン液種の特性を知る

●液種ならミキシング時間の短い生地にも分散させられる

ルヴァン液種は、クレープ生地のような濃度の種です。性質は左ページの生地種とほぼ同じですが、ここでは差別化をはかるために3日目までライ麦粉で仕込みました。ライ麦粉のかわりに小麦全粒粉で仕込んでもよいでしょう。仕上がりの性質や風味はそれほど変わりません。

液種の利点は、ミキシング時に生地にむらなく分散させられることです。生地種はミキシング時間の短い生地に完全に分散させるのが難しいのに対し、液種ならミキシング時間の長短を問いません。なお、液状のこの種はルヴァンリキッドとも呼ばれます。

●液種はつくりやすく、管理しやすい

液種は生地種にくらべてつくるのも扱うのも簡単で、管理がしやすいため、初心者に適しています。

配合・条件	1日目	2日目	3日目	4･5日目	種つぎ
前種	─	200g	200g	200g	130g
ライ麦中挽き粉*1(アーレミッテル)	100g	200g	─	─	─
ライ麦極細挽き粉*1(メールダンケル)	─	─	200g	─	─
フランス産小麦粉*2(タイプ65)	─	─	─	250g	250g
水	110g(約35℃)	220g	220g	280g	275g
混ぜ上げ温度	28℃	28℃	28℃	21℃	21℃
発酵条件	28℃･80%･24時間	28℃･80%･24時間	28℃･80%･24時間	21℃･80%･15時間	21℃･80%･15時間

*1 ライ麦粉ではなく、小麦全粒粉を使用してもよい。 *2 フランス産以外でもよく、石臼びきの粉など、有用成分を多く含む小麦粉を使用するとよい。

1日目

ボウルに粉とぬるま湯を入れ、混ぜる(a)。混ぜ上げ温度28℃。表面をなめらかに整えてラップフィルムをかけ、28℃・湿度80%で24時間発酵させる。

2日目

細かい気泡が混じり、少し膨らんでくる。
前日の種(前種)から表面の乾燥した部分を取り除き、内側の状態のよい部分を200gボウルに残し、水と粉を加えてよく混ぜる(b)。混ぜ上げ温度28℃。表面をなめらかにして(c)、ラップフィルムをかけ、28℃・湿度80%で24時間発酵させる。

a

b

c

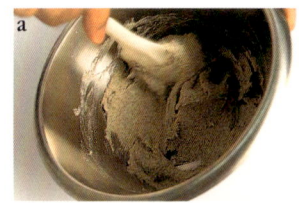

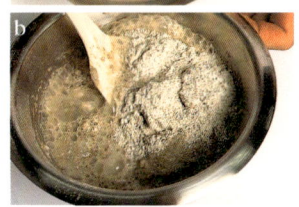

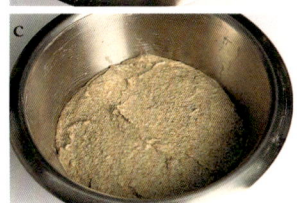

3日目

ガスが多量に発生していったん大きく膨れ上がり、その後表面からガスが抜けてしぼむ。表面には微細なガスの抜け穴が多数開いている。
粉を極細挽き粉にかえて2日目の要領で仕込み、発酵させる。

4･5日目

徐々にガス穴が大きくなってくる。
4日目からは粉を小麦粉にかえ、2日目と同様の手順で前種、水、粉を混ぜる。混ぜ上げ温度21℃。表面をなめらかに整え、ラップフィルムをかけ、21℃・湿度80%で15時間発酵させる。

6日目＝完成

初種完成。冷蔵庫で保存する。2日間使用でき、2日以内に種つぎをする。

種つぎ

ボウルに前種130g、水、粉を入れ、よく混ぜる。混ぜ上げ温度21℃。表面をなめらかにしてラップフィルムをかけ、21℃・湿度80%で15時間発酵させる。
冷蔵庫で保存しながら使い、2日以内にまた種つぎをする。

混ぜ上がり＝1日目

24時間後＝2日目

3日目

4日目

5日目

6日目＝完成

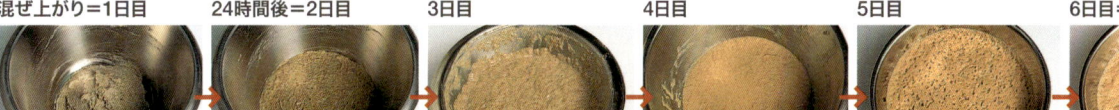

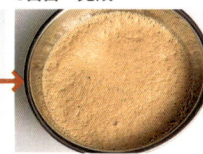

ホップ種をつくる──ホップ種の特性を知る

●ビールを連想させる軽い苦みとアルコール臭

ここに紹介するホップ種は、ビールの原料でおなじみのホップの実を煮出し、その液に米麹を加えて麹菌の力を利用して発酵させるものです。酵母の栄養として、マッシュポテトやりんごのピューレなども加えます。仕上がった種にはビールを連想させる軽い苦みとアルコール臭があり、酸味や甘みはそれほど感じられません。

●ホップ種は食パンに適している

自然発酵種のなかでは発酵力が比較的安定しており、食パンのように、ある程度ボリュームをだしたいパンにも使用できます。イーストほどは発酵力が強くないため、ふわふわになりすぎず、ほどよいひきが残ります。また、イーストにくらべて窯内で熱にゆっくり反応するため、クラムは適度な密度と水分を残して焼き上がり、こうした性質もまた食パン向きだといえます。

ホップ液(100g分)

ホップの実　12個
水　100g強

ホップ種の材料は(左上から時計と反対回りに)小麦粉、ホップの実、米麹、マッシュポテトとりんごのピューレ、水

配合・条件	1日目	2日目	3日目	4日目	5日目	6日目＝種つぎ
ホップ液	100g	50g	50g	50g	50g	50g
前種	─	300g	250g	200g	180g	160g
フランスパン用粉	120g	80g	40g	─	─	─
熱湯	156g	104g	52g	─	─	─
マッシュポテト*1	300g	150g	150g	150g	150g	150g
りんごのピューレ*2	40g	30g	20g	15g	15g	15g
グラニュー糖	─	7g	7g	7g	7g	7g
水	274g(約32℃)	269g	421g	591g	611g	641g
米麹	10g	10g	10g	7g	7g	7g
混ぜ上げ温度	26℃	26℃	26℃	26℃	26℃	26℃
発酵条件	28℃・80%・24時間	28℃・80%・24時間	28℃・80%・24時間	28℃・80%・24時間	28℃・80%・24時間	28℃・80%・24時間
撹拌	4回	4回	4回	4回	4回	4回
pH：発酵前→発酵後	5.7→4.6	5.0→4.2	4.9→4.0	4.9→4.0	4.8→3.7	4.7→3.8〜4.0

*1 皮をむいたじゃがいもをやわらかくなるまでゆで、フードプロセッサーにかけてなめらかにして、完全に冷ましたもの。
*2 皮をむいたりんごをすりおろしたもの。

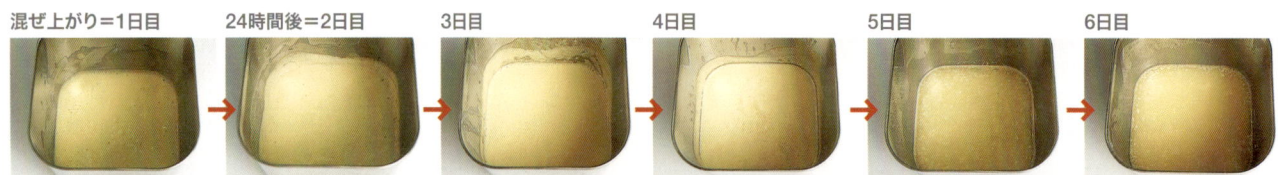

混ぜ上がり＝1日目　→　24時間後＝2日目　→　3日目　→　4日目　→　5日目　→　6日目

ホップ液のつくり方

鍋に水とホップの実を入れて火にかける。沸いたら弱火にして5分間煮出し、キッチンペーパーを重ねたざるで漉す(a)。
＊ホップ液は保存せず、毎日煮出してつくる。

1日目

①ボウルに粉と熱湯を入れ、ゴムべらでよく練ってα化(でんぷんを糊状に)させる(b)。
②容器にホップ液を入れ(c)、マッシュポテトとりんごのピューレを混ぜ入れる。
③α化させた①を②に加えて泡立て器でよく混ぜ、ぬるま湯(約32℃)を注いでよく混ぜる。米麹も加えて混ぜる(d)。混ぜ上げ温度26℃。
④ラップフィルムをかけ、28℃・湿度80%で24時間発酵させる。途中4回、5時間後、10時間後、17時間後、24時間後に泡立て器で攪拌する(e)。

2日目

2日目以降は材料にグラニュー糖が加わる。前日の種(前種)から300gを取り、配合表通りに1日目と同様の手順で仕込む。グラニュー糖を加えるタイミングは水を加えた後。前種は最後に混ぜる。

24時間後

3日目

2日目の手順と同様に、配合表通りに仕込み、発酵させる。

4〜6日目

4日目以降はα化させた小麦粉生地は必要ない。配合表通りに仕込み、発酵させる。
＊4日目以降、種は徐々に水っぽくなっていく。

7日目＝完成

初種完成。ビールを連想させる軽い苦みとアルコール臭がある。pH3.8〜4.0程度が理想。冷蔵庫で保存する。1週間使用でき、1週間以内に種つぎをする。
＊保存中、酵母の力は徐々に落ちていく。

種つぎ

6日目の配合・条件で仕込む。冷蔵庫で保存しながら使い、1週間以内にまた種つぎをする。

サワー種をつくる——サワー種の特性を知る

●**ライ麦粉を多く配合するパンにはサワー種を使う**

　サワー種はライ麦をおいしく食べるために考案された発酵種であり、ドイツパンには欠かせないものです。ドイツ語ではザワータイクといいます。種をつくるときのポイントは、どんなライ麦粉で乳酸菌を育てるかにあります。生地に30〜50%も配合する、種と生地の中間的存在ですから、使用する粉の風味がパンの味を大きく左右します。

●**サワー種の使い方——長時間発酵は避け、イーストを併用**

　サワー種でライ麦パンをつくるときは、生地を長時間発酵させるとペントザン（P.36に解説）の影響で軟化して膨らみにくくなるため、短時間発酵で仕上げます。また生地の膨らみを助けるために、多くの場合、イーストを併用します。本場ドイツでも併用が一般的です。

●**ミキシング時に微量粉末材料を付着させない**

　この種にはライ麦粉特有のねちゃっとしたべたつき感があるため、ミキシング時に塩などの微量粉末材料が付着しやすく、付着すると分散させにくくなります。そこで、そうした材料を水によく溶かした後、サワー種を混ぜ入れるようにします。

ドイツ、ボッカー製のサワー種スターター。ライ麦粉に乳酸菌を植えつけたもの

配合・条件	1日目	2日目	種つぎ
サワー種スターター	20g	—	—
前種	—	90g	90g
ライ麦中挽き粉（アーレミッテル）	200g	—	—
ライ麦細挽き粉（アーレファイン）	—	1500g	1500g
ライ麦極細挽き粉（メールダンケル）	—	1500g	1500g
水	200g(40℃)	3000g	3000g
ミキシング・混ぜ(こね)上げ温度	28℃	Ⓛ2分+Ⓗ2分・28℃	Ⓛ2分+Ⓗ2分・28℃
発酵条件	28℃・80%・24時間	28℃・80%・15〜18時間	28℃・80%・18時間
pH	—	3.7程度	3.9以下

1日目

①小さなボウルにサワー種スターターと40℃の湯を入れ、湯煎にして40℃を保ち(a)、15分発酵させる。湯煎から外して混ぜる。
②粉と①をボウルに入れ、ゴムべらで混ぜ合わせる(b)。混ぜ上げ温度28℃。
③表面を丸くならし(c)、ラップフィルムをかけ、28℃・湿度80%で24時間発酵させる。

2日目

①ガスが発生して膨らみ、表面に微細なガスの抜け穴がたくさん開く(d)。表面の乾いた部分は捨て、内側の状態のよい部分から90gを使う。
②ミキサーボウルに水と①を入れ、泡立て器でよく混ぜる(e)。粉を加え(f)、低速で2分、高速で2分こねる(g)。こね上げ温度28℃。
③ボウルに入れて表面をならし、ラップフィルムをかけ、28℃・湿度80%で15～18時間発酵させる。発酵後pH3.7程度。

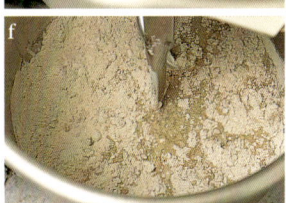

3日目＝完成

初種完成。発酵して少し膨らんでいるが、ライ麦粉特有のねちゃっとしたゆるい生地状(h)。完成時pH3.7程度。冷蔵庫で保存し、その日のうちに使い、その日のうちに種つぎをする。

種つぎ

2日目の①②と同じ手順で仕込む。ボウルに入れて表面をならし、ラップフィルムをかけ、28℃・湿度80%で18時間発酵させる。pH3.9以下になれば使用できる。冷蔵庫で保存しながら使い、その日のうちにまた種つぎをする。種つぎは、5回以内にとどめる。

＊種つぎは5回までが限界。徐々に他の菌が育ち始め、6回目以降は性質が変化して風味も変わってしまう。毎日使用するなら、1週間に1度、一から種をつくることになる。

パンづくりの基本

1. 作業環境を整える

●工房の温度を一定に保つ

工房の温度は年間を通じて同じ温度に保つのが理想です。本書レシピ中のすべての温度と時間の数値は、室温22～23℃を前提としたものです。室温がこれと異なる場合は、ホイロの温度などの微調整が必要です。

●機器や道具の殺菌

複数の酵母や発酵種を使い分ける工房の場合、ミキサーはこまめにアルコール除菌します。通常の洗浄だけでは菌が残り、次に仕込む生地に混入するからです。生地箱、ボウル、泡立て器などの道具もすべて同様です。発酵種をつくるときや、種つぎをするときには、特に注意が必要です。

工房は年間を通じて22～23℃、湿度60～70%に保つ

2. 材料を準備する

●粉はフレッシュな状態に保つ

小麦粉、ライ麦粉などの粉は高温、多湿の場所に置くと劣化が早まるため、冷蔵庫(5℃程度)に保管します。においが移りやすいので、においの強いものとは一緒に置かず、袋をすき間なく積み上げたりせずに通気に十分留意します。粉のフレッシュさは確実に味のよさに結びつきますから、製粉してから時間のたっていない粉を使いたいものです。適量仕入れて、早めに使い切りましょう。

●粉をふるう意味

粉は必ずふるってから使用します。石やゴミなどを取り除く意味もありますが、ふるうとくっつき合っていた粒子が離れてミキシング時に分散、吸水しやすくなり、ダマになりにくいのです。

複数の粉を組み合わせる配合の場合は、あらかじめ粉を混ぜ合わせておきます。

粉はふるって異物を取り除き、粒子を離して分散、吸水させやすくする

●ドライフルーツ、ナッツは水分を含ませておく

ドライフルーツは保存のために乾燥させてありますし、ナッツは多くの場合、ローストしてから使用するため乾燥しています。そのまま生地に混ぜ入れるとパンに必要な水分まで吸収してしまうため、あらかじめ水を含ませておきます。本書のほとんどのレシピでは、ミキシング開始30分前に水に浸し、10分前にざるに上げて水気を切って使用しています。

ドライフルーツやナッツはあらかじめ水を含ませ、水気を切って使用する

●バターは温度を上げずにやわらかくする

冷え固まったバターは、やわらかなパン生地にはうまく混ざりません。少量なら室温程度に戻してやわらかくして加えればいいのですが、量が多い場合にそうすると、こね上げ温度が上がってしまいます。そのような場合は、冷蔵庫から出したばかりのバターを布巾に包み、麺棒で叩くとやわらかくなります。これならバターの温度はわずかにしか上がりません。クロワッサンの折り込み用のバター

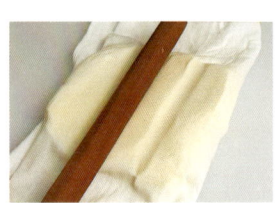

生地に混ぜ入れるバターは、冷えたまま布巾に包み、麺棒で叩いてやわらかくする

もこの方法でかたさを調節します。

●水の温度でこね上げ温度を調節する

本書の生地のこね上げ温度は23〜26℃程度です。ミキサーで生地を数分間こね続けると、生地は自身の摩擦熱とミキサーのモーターの熱によりかなり温まりますから、個々の材料の温度をあらかじめ低くしておかなければなりません。

室温22〜23℃の環境下にミキサーが設置され、粉や副材料を5℃程度の冷蔵庫で管理していれば、水を10℃前後に調節することで生地をこね上げ温度通りに仕上げられます。工房の室温やミキサーの機種の違いによって生じる温度差は、水温で調節してください。

3. 製法はパンの設計図――パンに合った製法を選ぶ

●オートリーズ法の利点

オートリーズとは、最初からすべての材料をこね合わせるのではなく、最初に粉と水だけでこねて(モルトを使用する場合はモルトも含む)、数十分間放置した後、酵母や塩など他の材料を加えて再びこねる製法です。この製法の利点は、ひとつは粉粒の芯まで完全に吸水させられること。もうひとつは、グルテンの形成を妨げる性質をもつ酵母と塩が加わる前にこねることで、よりグルテンがでやすくなることです。つまり、弾力と粘りに優れた(伸展性のよい)生地をつくることができ、窯内で非常によくのびます。

オートリーズ法：粉と水(とモルト)だけでこねて数十分間放置して生地の伸展性を高める

●中種法の利点

中種法とは、材料の一部を事前にこねて数時間発酵させ(これを中種と呼ぶ)、その中種に他の材料を加えてミキシングしてさらに発酵させる二段仕込みの製法です。中種法は手間と時間がかかりますが、生地の熟成度が増し、発酵物特有の味わい深さが生まれるのが魅力です。

また発酵を妨げる性質をもつ材料――油脂を含むバターや卵、砂糖をはじめとする糖類、発酵中にpHを下げる(酸度を強くする)サワー種やライ麦粉――を大量に配合するパンにも中種法は有効です。発酵を妨げる材料抜きで中種を仕込んであらかじめ発酵させておくことで、翌日の本仕込みの発酵がスムーズに進むからです。

中種法：材料の一部を前もってこねて発酵させたものが中種。これを他の材料に混ぜてさらに発酵させる

4. ミキサーの機種と生地の相性

●生地に合ったミキサーを選ぶ

業務用製パンミキサーにはいくつかタイプがありますが、本書のパンにはやさしい力でこねられるミキサーが適しています。微量イーストでつくるパン、強力粉よりもたんぱく質量の少ない粉を配合するパン、自然発酵種でつくるパンなどは、グルテンのだし方に注意力を要し、強い力でこねるミキサーではベストタイミングを見逃してしまいます。

本書記載のミキシング時間、回転速度(高速=H・低速=L)は、204ページの2機種を使用した場合のものであり、あくまでも目安

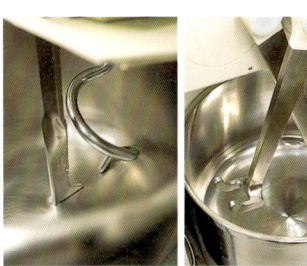

やさしい力でこねられるミキサーが本書のパンには適している。使用したのはスパイラルミキサー(左)とダブルアームミキサー(右)

です。使用機種、使用材料、工房の環境などにより誤差が生じるため、適宜調節してください。

5. 材料を加える順序、加え方

●分散させにくい少量材料は粉か水に混ぜる

少量しか配合しない材料は、生地全体に等しく分散させるのが難しいものです。そうした材料は、水か粉にあらかじめ混ぜておきます。ダマになりやすいインスタントドライイーストは粉に分散させ、塩、砂糖、モルトなどは、最初に水に溶かしておくのが基本です。ミキサーのアームは、濃度のない液状材料を混ぜるのには適さないため、本書では泡立て器を使用しています。

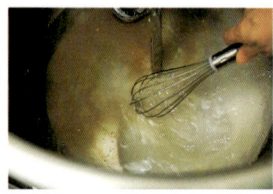

塩、砂糖、モルトなどは泡立て器を使って最初に水に溶かしておく

●低速で材料を混ぜ、高速でグルテンをだす

本書で使用したミキサーには、2段階の回転速度が設定されています。本書でのその使い分けは、粉が水を吸うまで(最低限度の水和)は低速で、その後、高速に上げてグルテンをだします。

また、生地にバターや卵を混ぜ込んだり、ドライフルーツやナッツ類など副材料を混ぜるときも低速です。

粉が水を吸うまでは低速で混ぜる。その後、高速に上げてグルテンをだす

●固形材料は小さくちぎり、ナッツなどは最後に加える

中種、発酵種、バターなどのやわらかい固形材料は、塊のままでは混ざりにくいため、小さくちぎって加えます。ナッツやドライフルーツなどは、早い段階から混ぜるとつぶれたり砕けたりするため、グルテンが完全に形成された後、最後に加えて低速で混ぜ、混ざったら直ちにミキサーを止めます。

ナッツやドライフルーツなど、形を崩したくない材料は、最後に加える

●バター、砂糖は配合量が多ければ2回に分けて加える

バターや砂糖にはグルテンの形成を妨げる性質があり、一気に大量に加えるとグルテンがでにくくなってしまいます。そのような場合は、それらを加える前にできるだけグルテンをだしておき、その後で2回に分けて加えます。1回目の分が完全に混ざってから残りを加えてください。

バターは塊のままでは混ざりにくいため、握りつぶして小さくして加える

●水分の出やすい副材料はミキシング時に加えない

たとえば、トウモロコシのような腐敗しやすい材料は、加熱殺菌して使用しますが、水分が多いため、ミキシング時に混ぜ入れると発酵中に水分が出てきてしまいます。このような材料は、成形時に生地に折り込んだり、くるんだりするとよいでしょう。

6. こね上げた生地の扱い方

●こね上げた生地の移動

こね上げた生地をミキサーボウルから生地箱に移すときは、でき上がったグルテン組織を壊さないよう、引きのばしたり、ちぎったりせず、ひと塊にまとめて扱います。やわらかくて手でまとめられない場合は、大型のカード2枚で挟んですくい上げます。

こね上げた生地はひと塊にまとめて持ち上げる

●生地はまとめて生地箱に入れる

生地箱に入れるときは、生地の端をすべて裏側にたたみ込むようにしてまとめるのが原則です。こうすると発酵中に生じたガスを生地の内部に閉じ込めておけます。なお、生地がゆるすぎてミキサーボウルから1回で移しきれなかった場合は、生地の上に生地を積み重ねず、横に入れるようにします。

発酵中はグルテン組織が生地内の水分を取り込むため、生地表面が乾燥します。特に、イースト生地は乾燥しやすいため、箱ごとビニール袋に入れたり、ラップフィルムを密着させるなどして乾燥を防ぎます。

生地の端をすべて裏側にたたみ込むようにしてまとめ、生地箱に入れる

●生地量に見合った生地箱を使う

本書で使用した生地箱のサイズは53×41×高さ14cm。膨倍率が2倍以下の生地なら粉4kg仕込みまで、膨倍率が3倍程度の生地なら粉3kg仕込みまで対応できます。

生地は、自重圧力と生地箱の壁からの圧力を受けて粘弾性がかなり変化するため、箱の容量に対して生地量が多すぎても少なすぎても支障をきたします。大量に仕込む場合は生地を等分して2箱に分け、1kg程度の少量の生地ならボウルに入れた方がいいでしょう。特に粘弾性のない少量の生地は、生地に厚みをもたせないと発生したガスも保持できず、発酵自体がスムーズに進みません。

上の写真の生地の発酵後。およそ3倍に膨らんでいる。膨倍率の高い生地は、箱の容積に余裕が必要

7. 発酵はパンづくりの心臓部

●ホイロの温度・湿度調節

本書のパンのほとんどは、ホイロ(ドウコンディショナー)で発酵させています。室温と湿度が適切に保たれ、発酵条件に見合う環境なら、室温で発酵させることももちろん可能です。

工房の室温・湿度は年間を通じて一定に保つのが理想ですが、季節によって変化する場合は、それに合わせてホイロの温度・湿度も調節してください。室温・湿度の低い時期にはホイロの設定数値を高めにし、室温・湿度が高い時期には低めに設定します。

ホイロは、温度と湿度を随意に設定できる発酵庫。それぞれの生地に合った温度・湿度に設定する

●冷蔵長時間発酵、低温長時間発酵とは?

本書には低温帯で長時間発酵させるパンが多数あり、その発酵温度帯と時間を便宜上、以下のように定義しました。

| 冷蔵長時間発酵 | 5〜10℃ | 12時間以上 | 5〜6℃なら冷蔵庫で発酵、 |
| 低温長時間発酵 | 16〜23℃ | 12時間以上 | それ以上ならホイロで発酵 |

酵母はこのような低い温度帯であっても活動できます。ただし、スピードはとてもゆっくりなので、長時間かけて発酵させる必要があります。

●冷蔵・低温長時間発酵の利点、長時間発酵に適さないパン

冷蔵・低温長時間発酵は、発酵がゆっくり、じっくりと進むため、高い温度で短時間で発酵させるよりも、発酵中に醸される風味がより豊かになります。製造時間が長くなることに効率の悪さを感じるかもしれませんが、前日の夕方に仕込んで翌朝に仕上げれば、作業効率はむしろ上がります。午前2時、3時に起きて生地を仕込まなくても、風味豊かなパンを朝一番に焼き上げることができるのです。

ただ、長時間発酵に適さないパンもあり、たとえばサワー種を使用するもの、ライ麦粉や全粒粉や石臼びきの粉を多量に配合するもの、水分の出やすい副材料を混ぜ込むものなどは、長時間発酵させるとpHが下がりすぎたり（酸味が強くなりすぎたり）、生地がどろどろになって膨らまなくなったりするため、通常発酵させます。また原則的に、長時間発酵法はイースト量が微量な配合、発酵種の量が少なめの配合に適しています。

●発酵の見極め

本書レシピでは「26℃・湿度80%で4時間発酵させる」というように、発酵条件を温度、湿度、時間で記してあります。

湿度は生地を乾燥させないために必要な条件です。発酵中にグルテン組織が生地中の水分を取り込むため、生地表面が乾燥しやすいのです。本書のほとんどのレシピは湿度80%としています。

温度と時間についてはそのどちらが重要かといえば、時間です。本書の指定条件通りに発酵させたとしても、材料、作業環境、機器が違えば発酵の進み方は大きく変わります。温度はひとつの目安として考えてください。たとえば26℃で発酵させたところ、4時間後に発酵が進みすぎていたのなら、温度をもう少し低く設定し、逆に4時間たっても発酵が足りないようなら、温度をもう少し高く設定してください。第三者のレシピを自分のものにするには、相応の経験が必要です。ぜひ何度も試して、指定の時間通りに、ぴったりの発酵加減に仕上げられるような温度を見つけてください。

8. 発酵生地の扱い方

●赤ちゃんに触れるようにやさしく扱う

本書の生地の多くは、一般的な生地よりもはるかにやわらかいものです。まるでつきたてのお餅のようにやわやわ、ぷわぷわしています。やわらかいということは、すなわち生地が扱いにくく、傷みやすいということです。赤ちゃんに触れるときのように、やさしく扱ってください。

生地箱から出すときは、生地にも台にも手粉をふり、箱の側面に沿ってカードを入れて生地をはがし、箱を逆さにして生地自体の重さを利用して取り出します。箱の底に張りついているときは、カードで素早くはがします。まちがっても、手でつかんで持ち上げたり、

本書のパン生地の多くは、つきたてのお餅のようにやわらかい。赤ちゃんに触れるときのようにやさしく扱う

箱の側面に沿ってカードを入れて生地をはがし（上）、箱を逆さにして生地を取り出す（下）

引っ張ったりしないこと。生地がのびてグルテン組織が壊れてしまうし、発酵中に生地内に生じたガスが逃げてしまいます。

● 手粉に適した粉

　手粉とは、生地を扱うときに付着を防ぐために生地や台にふる粉のことです。さらさらした硬質な粉(強力粉)が適しています。本書の生地の多くはやわらかく、くっつきやすいため、通常の倍以上の手粉を使うことになります。量が多ければ風味にも影響しますから、特に指定のないかぎり、そのパンに使っている主要な粉を使用し、粗い粉と細かい粉を併用している場合は、細かい粉を使います。

手粉を多めに使って、生地が台や手にくっつかないようにする

● キャンバス地にのせる意味

　丸めた生地を休ませたり、成形した生地を最終発酵させるとき、一度に移動させやすいように生地を板や番重に並べますが、その際、生地が付着しないようにキャンバス地(帆布)を敷きます。成形後の生地は最終発酵中に横にだれるため、布をひだ取りして左右から支えます。ひだ山の高さは、発酵中に膨らむことを計算に入れて高めにつくっておきます。

　また、キャンバス地に並べるときは、特に意図がないかぎり、とじ目を下にします(完成時に底になる方を下にする)。

発酵中の生地の横だれを防ぐために、キャンバス地をひだ取りして左右から支える

● なぜ〈休ませる〉のか

　ミキシングした生地を休ませたり、分割して丸めた生地を休ませたり、さまざまな工程に〈休ませる〉という時間が存在します。製パン用語ではこの時間をフロアータイム、ベンチタイムと呼びます。休ませる目的は、ダメージから回復させ、より安定した状態に戻すこと。休ませている間にも生地の発酵は進むため、適切な温度・湿度環境に置くことが大切です。

丸めた生地はすぐに成形せず、しばらく休ませてダメージから回復させる

9. ボリュームアップ──空気を送り込み、上に膨らませる

● 本書の生地に強いパンチは必要ない

　発酵させた生地のガスを抜いて生地ののびをよくするために強い力でつぶすことを製パン用語でパンチと呼びます。強力粉でつくったイースト量の多い生地なら強くパンチしても大丈夫ですが、本書のように、強力粉よりもたんぱく質量の少ない粉を大量に配合したり、酵母量を最低限にとどめている場合には、強い力でパンチすると生地組織が傷み、発酵中に生じたガスが抜けて膨らみが悪くなってしまいます。むしろ本書のパンでは、熟成の末に醸されたさまざまな香りが含まれるガスを積極的に生かし、それをパンの味わいにつなげています。

● 折りたたんでボリュームをだす

　そんなわけで、本書にはパンチと呼ばれる強い力でつぶす工程は存在しませんが、発酵させた生地に新たな空気を送り込んで酵母の活動をより活性化させたり、手で力を加えることでグルテンをさらにだし、ボリュームを大きくしたりすることが必要なパンもありま

す。本書では、この工程をボリュームアップと呼びました(既存の製法では、この作業も含めてパンチと称する)。

本書でいうボリュームアップとは、生地を何度も折りたたむ作業を指します。生地内に新たな空気が送り込まれ、と同時に生地表面が引っ張られてグルテンがでて、発生したガスをしっかりと生地中に閉じ込めることができます。さらに、生地組織が縦に幾重にも積み上げられます。その結果、上へと膨らむ力が強くなり、焼成するとボリュームが大きくなるのです。折りたたむ力加減、たたむ回数は、どの程度ボリュームをだしたいかによって決めます。

なお、折りたたむ方法のほか、カードで四方八方から生地を引っ張って、横にも縦にも、全体的にふかっとしたボリュームをだす方法もあります。

＊折りたたむ回数が多くなるほどボリュームはでる(クラムの食感が軽くなる)。
＊強く引っ張りながらたためばボリュームはより大きくなる。生地を張らせずに、ぱたんぱたんと折り返すだけなら、ボリュームはほどほどに抑えられる。

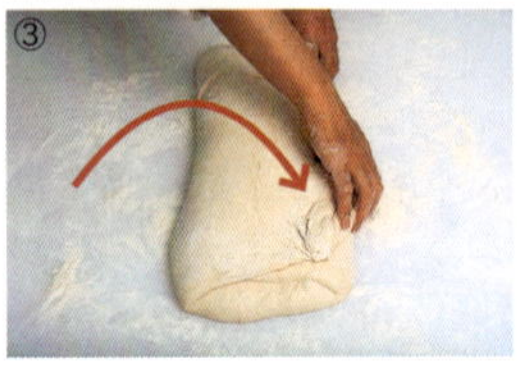

10. 分割・丸め・成形の注意点

●仕上がりの形をイメージして分割する

生地を1個ずつに切り分けることを分割と呼び、棒ばかりで計量しながら行います。スケッパーで切りますが、生地の断面積ができるだけ小さくなるように、垂直に刃を下ろして1回ですぱっと切ります。押し切りや引き切りは生地を傷めます。

分割後にどんな形に丸めるのか、成形するのかによって、分割するときの形は変わります。バゲットのように細長く仕上げるものは横長の長方形に切り、丸形に仕上げるものは正方形に切るなど、次の作業がよりスムーズに行えるように工夫します。

●丸め・成形はやさしく、とじ目だけはしっかり力を加える

丸め・成形と2回に分けて生地の形を整えるのは、1回で行うには生地に負担がかかるうえ、加える力が強いほどゆるみやすく、形が整わないからです。

本書の生地の多くは非常にやわらかいため、形を整えるときは以下のポイントに留意してください。

・手粉を多めに使って生地を傷めないようにやさしく扱う
・強い力でのパンチは必要ない
・表面に飛び出した大きな気泡(ガス)のみつぶし、生地内部のガスは抜かない
・やわらかくて生地がだれやすいため、とじ目だけはしっかり力を加えてくっつける

なお、丸め・成形の手順は196ページに形別にまとめて掲載しました。

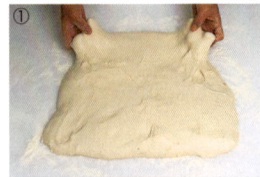

三つ折りをくり返すボリュームアップ
①発酵させた生地を上から軽く押さえて平らにし、四隅を引っ張って四角形にする。
②左右のどちらかからたたむ。
③逆側からもたたむ。
④下からもたたむ。
⑤上からもたたむ。たたむたびに表面のグルテンがでて生地が張り、最後には丸々と膨らんだ塊になる。

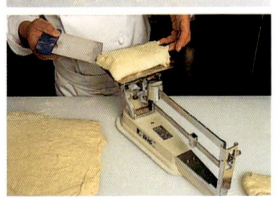
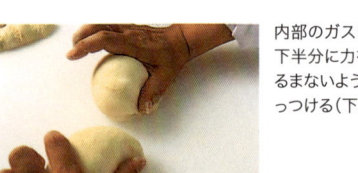

カードの刃を垂直に下ろして1回で切る。バゲットなど横長に仕上げるパンは長方形に切る(上)。1つずつ計量して重量を揃える(下)

内部のガスまで抜かないように、下半分に力を加えて丸め(上)、ゆるまないようにとじ目をしっかりくっつける(下)

11. クープを入れる意味

●クープを入れるタイミング

クープとは生地表面に入れる切り目のことです。クープを入れるタイミングは、原則的に窯入れ前です。ただし、最終発酵後ではやわらかすぎて切りにくいもので、クープをかっちりと立てる必要がないものは、成形後に入れます。

クープは見た目をよくするためだけでなく、ボリュームにも影響を与える重要な要素

●なぜクープが必要なのか

クープを入れることにより、窯内で生地は膨らみやすくなります。膨らむ力の強い生地をクープを入れずに焼くと、形がいびつになったり、場合によっては、ばっくり割れて焼き上がってしまいます。また、膨らむ力のない生地をクープを入れずに焼くと、まったく膨らまず、水分の抜けも悪く、ぎちっと詰まった湿ったパンになってしまいます。

クープを入れるとクラストがのびる時間が長くなるため、焼き色をやや薄めにしたいときにも有効です。

なお、本書の生地の多くは非常にやわらかいため、浅い角度にクープを入れると、くっついてしまってきれいに立ちません。やや深めの角度に入れてください。

薄く鋭利な刃でクープを入れる。本書のバゲット生地はやわらかいため、浅く、そぐようなクープを入れるとくっついてしまってきれいに立たない

12. 型の果たす役割

●籐かごの役割

パン ド カンパーニュに代表される大型パンは、成形後に籐かごに入れて最終発酵させます。大型パンは、何か型に入れないと生地自体の重みでだれてしまい、きれいな形を保つことができないのです。また、かごに入れて生地に厚みをもたせることで、発酵もスムーズに進みます。かごから出すタイミングは焼成直前。せっかく整えた形を崩さないよう、かごを逆さにして余分な力を加えずに、スリップピールにあけます。

大型パンは、籐かごに入れると発酵がスムーズに進み、形よく仕上がる

●型焼きパンには生地に合った型を使う

食パンのように型に入れたまま焼成するパンは、型通りの形に仕上げるために型を用いるわけですが、食パンの場合は底面積の小さな深い型を使うことで、横ではなく上へと膨らませることが可能になります。

ブリオッシュやパンドーロのような、非常にリッチで熱の影響を受けやすい生地にも型は不可欠です。パンドーロには表面積の大きな型を用いますが、これはクラストの面積をできるだけ大きくして、焼き固めたクラストでやわらかなクラムを支えないと焼成後にパンがしぼんでしまうからです。生地の性質に合った型を使用することが大切です。

パンドーロには表面積の広い八角星型が最適。この型だからこそうまく焼ける

13. 窯入れ前の注意点

●取り板で生地をスリップピールに移す

生地をスリップピールに移すときは、最終発酵させた形を崩さずに、ダメージを与えずに行うことが大切です。本書の多くの生地はやわらかく、手で持ち上げるとのびてしまうため、取り板で移動させています。キャンバス地の一方の端を持ち上げて生地を半回転させながら取り板にのせ（とじ目が上になる）、取り板から半回転させながらスリップピールに置きます（とじ目が下になる）。

なお取り板は、生地が付着しにくい加工を施したものを使います。本書では板にストッキングをかぶせたもので代用しています。

キャンバス地の端を持ち上げて生地を半回転させながら取り板にのせ、スリップピールに移す

●焦がしたくないものには粉をふる

ドライフルーツなどの糖分の多い副材料を混ぜ入れた生地は、その材料が表面に飛び出していると焼成中に焦げてしまいます。そうしたものには、窯入れ前に粉を多めにふっておくと、粉が熱の当たりをやわらげてくれます。クラストの焼き色を薄くしたいパンにもこの方法は効果的です。

ドライフルーツが表面に飛び出した生地は粉をたっぷりふって焦げを防ぐ

14. 焼成──オーヴンの中で起こっていること

●機種により焼成温度、時間、焼け方が変わる

本書のパンは、上火と下火の両方が温度設定でき、熱量が多く、蒸気注入の機能を備えたオーヴンでなければうまく焼けません。本書で使用したのはガス熱源の、熱量が多く、輻射熱効果、熱循環、蓄熱性に優れた機種です（P.204）。機種が違えば焼成温度、時間、焼け方が変わるため、何度か焼いて調整してください。

本書のパンには熱量の多い、熱循環、蓄熱性に優れたオーヴンが適している

●上火と下火のバランス、温度設定の仕方

窯内で熱は循環し、パンは全方向から熱を受けます。上火と下火の火力のバランスは、パンの種類によって変わりますが、ほとんどの場合、下火を上火よりも低く設定します。生地は窯床に直接触れているため、下火を強くしすぎると底が焦げてしまうからです。

短時間で一気に膨らませたいパンほど温度を高く設定しますが、糖分の多い副材料が入ったパンは、高温のままでは焦げてしまうため、膨らんだところで温度を下げる2段階の温度設定が必要です。

●蒸気を注入する理由

蒸気を注入すると、蒸気は窯内でもっとも低い温度である生地に付着します。そこに高温の熱が加わることで、表面の皮1枚が糊状に変化し、それが焼き固まって、つやのあるクラストができ上がります。

蒸気には、生地を窯入れする前に入れる前蒸気と、窯入れ後に入れる後蒸気があります。前蒸気の役割は、ひとつはボイラーから窯内にのびる蒸気管の中に残っている空気を抜くという準備の意味、もうひとつは、生地を入れる前に窯内に蒸気を充満させておくことにより、生地を入れた瞬間に高温の熱で表面が乾いてしまうのを防

蒸気スイッチを押して窯内に蒸気を入れる。蒸気を入れるとクラストにつやがでる

ぐためです。

　後蒸気は、前蒸気の不足分を補うために入れます。前蒸気を入れても、窯入れのために扉を開けたときにどうしても手前側の蒸気が逃げてしまいます。それを後蒸気で補うのです。ただし、蒸気を入れすぎるとせっかく入れたクープが糊状になってくっついてしまうため、量は加減してください。

●窯内の温度差

　昨今の業務用オーヴンは、窯内に温度差が生じないように、扉に近い手前部分の熱源の本数を多くしたり、窯床にごく軽い傾斜をつけるなどして(高い側が高温になる)温度差をなくす工夫をしてあります。とはいえ、もっとも温度が安定しているのは中央です。

●生地は規則正しく並べ、詰めすぎない

　窯内の温度差に加え、生地の並べ方でも焼け方が変わります。基本は同重量の生地を等間隔に並べること。配列が不揃いだと個々の生地への熱の当たり方が変わり、焼きむらが生じます。また体積に比例させ、大きな生地ほど間隔をあけて並べます。

　さらに、一番端の列の生地の外側面には熱が強く当たるため、8割方焼けたころを見計らって、向きを回転させたり、位置を交換するなどして焼きむらをなくします。ただし、ショックを与えるとしぼんでしまう生地は、途中で移動させることができないため、最初から中央に入れて動かさずに焼き上げます。

●重いパン、小さいパンほど底が焦げやすい

　窯床に接する底面の焼き色は、生地の重さに比例し、接地面積に反比例します。つまり、重いパンほど底が焦げやすく、底面積の小さなパンほど焦げやすいということです。同じ生地であっても重さ、形により、温度と焼成時間を調節する必要があります。

15. 焼き上がったパンの扱い方

●パンの賞味期限

　クラストが薄いパンほど乾燥しやすく、日持ちがしません。クラストが厚く、頑丈なものは、クラストがクラムのみずみずしさを保護するため、スライスしなければ比較的日持ちがします。特に、大型なものほど水分が保たれます。油脂分の多い生地は、乾燥しにくい反面、油脂が酸化して風味が落ちやすいため、冷めたら袋に入れて密封します。また、糖分の多いパンは乾燥しにくいため、比較的日持ちがします。

　いずれのパンも、スライスした途端に乾燥、劣化が早まるため、袋に入れて販売します。

●大型パンは焼成直後にはスライスできない

　籐かごで焼くような大型パンや、大きな角型で焼く食パンなどは、芯まで冷まさないときれいにスライスできません。大型パンの場合、冷めるまで半日ほど必要です。

同重量の生地を等間隔に並べる。体積に比例させて、大きなものほど間隔をあける

8割方焼けたら、向きを変えたり位置を交換するなどして焼きむらをなくす

底面積の小さなパンほど底面の焼き色がつきやすい

クラストの厚い大型パンは日持ちはするが、スライスすると乾燥、劣化が早まるため、袋に入れる

粉の基礎知識

1. 粉がパンの味と食感を決める

●粉を組み合わせて好みの味をつくる

　本書のレシピの多くは、1つのパンに複数の小麦粉や複数のライ麦粉を組み合わせて使用しています。なぜいくつもの粉を複雑に組み合わせて使うのか、疑問に思う方もいるでしょう。粉はパンの材料のおよそ8割を占める最大の材料です。つまり、粉の味や性質が、パンの風味と食感を決める最大の要因なのです。粉は製品によって、たんぱく質や灰分などの成分比率、粒の細かさが違うだけでなく、風味も違うことをぜひ知っておいてください。

　私は粉の組み合わせを考えるとき、以下の3つの要素を軸にしています。
・生地の骨格をどうつくるか
・発酵中に酵母の活動にどのような作用を与え、どのような風味を醸すか
・焼成中にどんな風味に変わるか

●生地の骨格をつくるための粉選び

　粉の成分については34ページ以降に種類別に触れますが、パンの骨格を決めるのは、たんぱく質の量です。是が非でもボリュームをだしたいパンには、たんぱく質量の多い強力粉が不可欠ですし、ボリュームはほどほどでいいなら、フランスパン用粉やフランス産小麦なども使えます。また、その中間くらいのボリュームに仕上げたいのなら、両者を混ぜて調節することもできます。

●発酵中に酵母に与える作用で粉を選ぶ

　発酵中、酵母は粉に含まれるある種の成分を栄養にして活動しています。つまり、粉の成分は、発酵の進み方、発酵後の香りや味に大きな影響を与えるのです。たとえば大量機械製粉された粉は、モーターの熱や静電気によって一部の成分が失われるのに対し、少量ずつ石臼びきされる粉は、失われる成分が最小限ですむため、酵母の活動が活発になるうえ、粉自体の熟成力が高く、その結果さまざまな味や香りを醸します。

　発酵時間の長さによっても、選ぶべき粉は変わります。長時間発酵させるパンにフレッシュな石臼びき粉、全粒粉、ライ麦粉などを大量に使用すると、酸味が強くなりすぎたり、発酵風味が強くなりすぎたり、生地がどろどろになってしまう場合があります。そんなときには、その他の粉と組み合わせて使用した方がいいでしょう。3〜4時間の発酵なら問題ありません。

　一方、軽めの味わいに仕上げたいけれども、ほんの少しコクがほしいというときには、石臼びき粉、全粒粉、ライ麦粉を少量混ぜると効果的です。

●焼成中にどんな風味に変わるかで粉を選ぶ

　粉の味がもっとも大きく変化するのは窯内です。高温で熱せられて初めて、パンの味は完成します。焼成段階で味を決める最大の要素は、粉の成分中のでんぷんです。加熱によって甘みのでる粉、香

ばしくなる粉、雑味がでる粉など、製品によって味は確実に変わります。それぞれの製品の特性を知り、自分の目指す味に近づくように組み合わせてみてください。

2. 小麦粉を知る

●小麦たんぱくからグルテンは生まれる

小麦粉の成分中でパンに大きな影響を与えるのが、たんぱく質とでんぷんです。

小麦たんぱくに含まれるグリアジンとグルテニンという成分は、パンの骨格づくりに欠かせないものです。グリアジンとグルテニンは、水に溶けずに水を吸収し、そこに力を加える(こねる)とグルテンという網の目状の組織をつくり出します。グルテンは、粘りと弾力の両方をあわせ持つ組織で、酵母の活動により生じたガスを閉じ込めつつ、自在にのびていきます。つまり、たんぱく質量が多い粉ほど、グルテンを形成しやすく、パンを膨らませる素質を持っているのです。

●小麦でんぷんの役割

一方、小麦粉の成分の約7割を占めるでんぷんは、その中に含まれる糖分が、酵母が活動するための栄養源となり、残りの多くは水を取り込んでグルテン組織と結びつき、パンの骨格を支えます。窯内で生地に熱が加わると、グルテン組織は熱変性し、蓄えていた水を放出して、骨組みだけが焼き残ります。でんぷんは放出された水分を取り込み、これも熱を受けることでα化(やわらかく消化されやすい形に変わること)し、グルテンがつくった骨組みの間を埋め、パンの形を成すのです。

●小麦粉の種類

パンにはたんぱく質含有量の多い小麦粉が適しています。日本ではたんぱく質量の多いものから順に、強力粉、フランスパン用粉、中力粉、薄力粉と分類しており、薄力粉は原則的にはパンづくりに適しません。国内製粉会社の小麦粉のほとんどは、カナダ、アメリカ北部産の硬質小麦を原料とし、品質を安定させるために複数種を混ぜています。

また昨今は、フランスをはじめヨーロッパ産の小麦粉も一部輸入されるようになりました。フランス産の場合、フランスで製粉された製品のほか、フランス産小麦を日本で製粉した製品もあります。ヨーロッパ産小麦粉は、日本のようにたんぱく質量で分類するのではなく、灰分量＊で分類しています。本書では、フランス産のタイプ65(灰分量0.6%程度)と、フィンランド産のタイプ170(灰分量2.1％：全粒粉)を使用しています。

＊灰分(かいぶん)　麦の表皮や胚芽に含まれるミネラル分のこと。繊維質、マグネシウム、カリウム、リン、鉄など。

本書で使用した強力粉

スリーグッド（第一製粉）
たんぱく質13.1% 灰分0.5%

風味が比較的強い。皮が香ばしく、甘めに焼き上がり、クラムはしっとりとする。アシ（横に膨らむ力）、コシ（上に膨らむ力）のバランスがよい。

ペチカ（日東富士製粉）
たんぱく質13.2% 灰分0.48%

適度に雑味があり、味に厚みがある。吸水性がよく、舌ざわりがまったり、しっとりとする。

オーション（日清製粉）
たんぱく質13% 灰分0.52%

味のバランスがほどよく、適度に雑味もあり、他の材料の風味をじゃましない万能なタイプ。

グリストミル（日本製粉）
たんぱく質13.5% 灰分0.9%

石臼びきの粉。注文を受けてからひくためフレッシュ。一般的な強力粉よりも灰分が多いのは、表皮の一部や胚芽が含まれているから。風味が濃く、発酵中にさまざまな風味を醸す。

本書で使用したフランスパン用粉

モンブラン（第一製粉）
たんぱく質11.3% 灰分0.4%

甘みとコクがある。バランスがよく、汎用性が高い。

 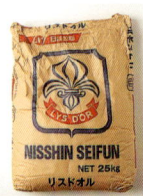

リスドオル（日清製粉）
たんぱく質10.7% 灰分0.45%

甘みがあり、焼き上げたときに香ばしさが加わる。

本書で使用したフランス産小麦粉

バゲットムニエ（ユシュデ*）
たんぱく質10.5% 灰分0.6%

石臼びきの小麦粉（タイプ65）に煎ったトウモロコシの粉を微量混ぜた個性的な粉。焼き上げたときの香ばしさと甘みが格別。焼成初期に穀物特有の、くせのある蒸れ臭がでる。小規模な製粉所で製粉しているため、品質はやや不安定。

タイプ65（ユシュデ*）
たんぱく質12.4% 灰分0.64%

石臼びきの粉。まったりとしたコクがあり、風味が強い。焼成初期に穀物特有の、くせのある蒸れ臭がでる。小規模な製粉所で製粉しているため、品質はやや不安定。

ビオタイプ65（ドゥコローニュ*）
たんぱく質10.5% 灰分0.6%

風味が非常に強く、焼き上げると深みのある香ばしさを生む。焼成初期に穀物特有の、くせのある蒸れ臭が強くでる。

 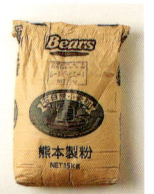

ムールドピエール（熊本製粉）
たんぱく質10.5% 灰分0.55%

フランス産小麦を日本で石臼びきした粉。コクと甘みがあり、個性が強い。焼成初期に穀物特有の、くせのある蒸れ臭がでる。

本書で使用した全粒粉

シュタインマーレン(第一製粉)
たんぱく質12.6%　灰分1.6%

原料小麦の種類のせいか、全粒粉のわりには白っぽく仕上がる。雑味はあるが、全体的に淡泊でドライな風味。

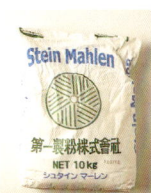

ビオタイプ170(ヘルシンキミルズ*)
たんぱく質10.5%　灰分2.1%

フィンランド産ビオ小麦の全粒粉。風味が非常に濃く、酸味も甘みもある。挽きが粗く、口に残る。発酵種をつくるときに効果を発揮する。

本書で使用した麺用粉（中力粉）

麺許皆伝(日清製粉)
たんぱく質8.2%　灰分0.36%

うどんやそばのつなぎ用に製粉された中力粉。コクがあり、保湿性がよい。本書ではフランスパン用粉のたんぱく質量をフランス産小麦粉タイプ65程度に下げる目的で補助的に使用。

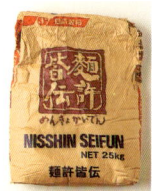

本書で使用したセモリナ粉

ジョーカーA(日本製粉)
たんぱく質13%　灰分0.7%

カナダ産デュラム小麦をパスタ用に粗めに製粉したもの。たんぱく質量は強力粉に匹敵。灰分量はフランス産小麦粉タイプ65と同等。各工程のストライクゾーンが非常に狭い。水が少量少ないだけで生地が乾き気味になり、少量多いだけで離水する。

灰分(かいぶん)　麦の表皮や胚芽に含まれるミネラル分のこと。繊維質、マグネシウム、カリウム、リン、鉄など。
ビオ(Bio)　ヨーロッパでオーガニック(有機栽培)を意味する言葉。
*印のついた海外製粉所の粉は、パシフィック洋行㈱にて取扱い。問合せ先：03-5642-6083

3. ライ麦粉を知る

●ライ麦たんぱくはグルテン組織をつくれない

　ライ麦は、小麦と同様にイネ科に属し、大人の背丈ほどにのびます。その種子(右の写真が丸麦)を粉にしたものがライ麦粉です。小麦粉にくらべると色が濃く、ライ麦粉の配合量が増えるほど、パンの色は茶色みを増します。

　ライ麦粉は、たんぱく質量が小麦粉よりもやや少なめで、その性質は大きく異なります。小麦たんぱくは、水を加えてこねるとグルテン組織を形成しますが、ライ麦たんぱくはグルテン組織をつくることができず、水を加えてこねても、ただべたべたするだけでまとまりません。パンの骨格をつくるには、粘りと弾力の両方が必要なのに、ライ麦からは粘りしか生まれないのです。これではパンは膨らまず、みちっと詰まった重い塊になってしまいます。ライ麦パンとひとくくりにいっても、ライ麦100％でつくるのはごく一部にすぎず、ほとんどのライ麦パンに小麦粉が配合されているのはそのためです。

●パンの骨格づくりをじゃまするペントザン

　でんぷん中にペントザンという物質を多く含むことも、ライ麦の大きな特徴であり、小麦との違いです。ペントザンの一部は、非常に多くの水分を吸収する性質を持ち(同時にグルテンの形成も妨げる)、ライ麦粉の配合量が増えるほど、生地がやわらかくなり、その水分が焼成中に離水して焼き上がりが湿り気をおびるのです。ただし、生地のpHを下げると(酸性にすると)、離水を抑えることができます。ライ麦粉を使ったパンにサワー種を使用するのは、サワー種の独特の風味がライ麦によく合うということもありますが、発酵種であるがゆえの酸度が、離水抑制に効果を発揮するからです。

　ライ麦粉については、いまのところ、日本では製品の選択肢が少なく、十分に比較検討できていませんが、同一原料でくらべた場合、挽きが粗くなるほど香りが強くなり、挽きが細かくなるほど甘みがでやすくなると私は感じています。また私の使用するドイツ産とフィンランド産を比較すると、ドイツ産はシャープな風味、フィンランド産はまろやかさがあるように感じます。

4. オーツ麦粉を知る

　オートミールの原料で知られるオーツ麦(燕麦)も、小麦と同様にイネ科の植物です。その種子を原料とするオーツ麦粉は、保湿性に優れています。グルテン組織を形成できないため、焼いても膨らまず、配合量が20％を超えるとべたついて生地がまとまらなくなってしまいます。栄養学的には、血液中のコレステロールを減少させる作用のある可溶性繊維が豊富に含まれています。

本書で使用したライ麦粉

メールダンケル（日清製粉）
たんぱく質7.3%　灰分0.9%
ドイツ産ライ麦を極細挽きしたもの。甘みがあり、焼き上がりはしっとりとして香ばしさもある。

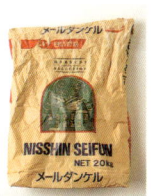

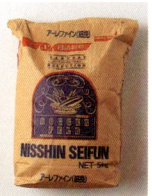

アーレファイン（日清製粉）
たんぱく質8.4%　灰分1.5%
ドイツ産ライ麦の細挽き全粒粉。酸味と甘みのバランスがよく、コクがある。

アーレミッテル（日清製粉）
たんぱく質8.4%　灰分1.5%
ドイツ産ライ麦の中挽き全粒粉。酸味と雑味が前面にでる。粉粒がわずかに口に残る。

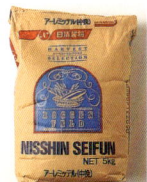

ビオライ麦粉（ヘルシンキミルズ*）
たんぱく質12.0%　灰分0.8%
フィンランド産ビオライ麦を粉状に挽いたもの。まろやかさのある濃い風味。

ライフレーク（日清製粉）
たんぱく質11.5%　灰分1.7%
ドイツ産ライ丸麦をロールでつぶしたもの。吸水させて加熱すると、もちっとした食感になる。

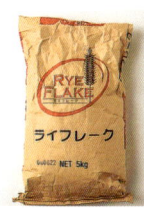

本書で使用したオーツ麦粉

ビオオーツ麦粉（ヘルシンキミルズ*）
たんぱく質6〜8%
灰分1.3〜1.7%
フィンランド産ビオオーツ麦を粉状に挽いたもの。本書では、生地の保湿性を高めるために補助的に使用。

灰分（かいぶん）　麦の表皮や胚芽に含まれるミネラル分のこと。繊維質、マグネシウム、カリウム、リン、鉄など。
ビオ（Bio）　ヨーロッパでオーガニック（有機栽培）を意味する言葉。
*印のついた海外製粉所の粉は、パシフィック洋行㈱にて取扱い。問合せ先：03-5642-6083

本書レシピの注意点──凡例

● 本書レシピは製パン店向けのものであり、製パン用の大型ミキサーと大型オーヴンを使用しています（使用機種は204ページに掲載）。機種の違いにより、ミキシング速度・時間、焼成温度・時間は若干変わりますので、適宜調節してください。

● 配合量は、原則的にベーカーズパーセントと重量を併記しました。ベーカーズパーセントの数値は、粉（小麦粉、ライ麦粉、オーツ麦粉）の合計量を100％としたときの比率を表します。ただし、サワー種を一定量以上使用するパンの場合は、サワー種の半量をライ麦粉として計算します。また一部、粉の合計量が100％にならないものがあります（分量を算出しやすくするために、便宜的にベーカーズパーセントのスタイルに当てはめているため）。

● パン生地に必要な水分量は、粉や副材料の保存状態、工房の温度や湿度などにより変わります。ミキシング中、粉が水分を吸収した時点で生地の状態を確認し、適宜調節してください（粉が残っていれば水分を足し、水分が残っていれば粉を足す）。配合表の水分量から−2％〜＋2％程度増減する可能性があります。

● モルトエキスは、原液のままでは濃度が濃くて生地全体に分散させにくいため、同量の水で溶いて使っています。その水は配合量に含みません。

● レシピ工程表内の**L**は、製パン用ミキサーの回転速度の低速、**H**は高速を表し、**上**はオーヴンの上火、**下**は下火を表します。

● 手粉は特に指定のないかぎり、そのパンに使用している主要な粉を使用します。

● 溶き卵は、全卵を溶きほぐして漉したものを使用しています。

● 型の寸法の単位は、すべてセンチメートルです。角型の長さと幅は、底面の寸法を表します。

● 金属製の型は、フッ素樹脂加工やセラミック加工をしていないものは、バターをぬってから生地を入れます。

● レシピ中に「室温」とだけ表記されている場合は、22〜23℃（湿度は60〜70％）を意味します。

用語について

クラスト　焼き色のついた外皮部分。
クラム　焼き色のついていない内部。
pHペーパー　物質の酸性、アルカリ性の度合いを示す水素イオン指数。純粋の水がpH7で中性、それ以上の値はアルカリ性、それ以下の値は酸性。本書では、パン生地や発酵種の酸度（酸性度）の指標として提示。

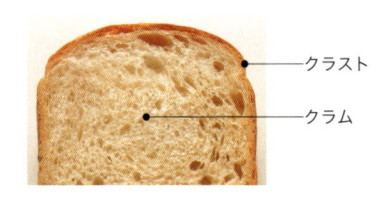

①

微量イースト・長時間発酵でつくるパン

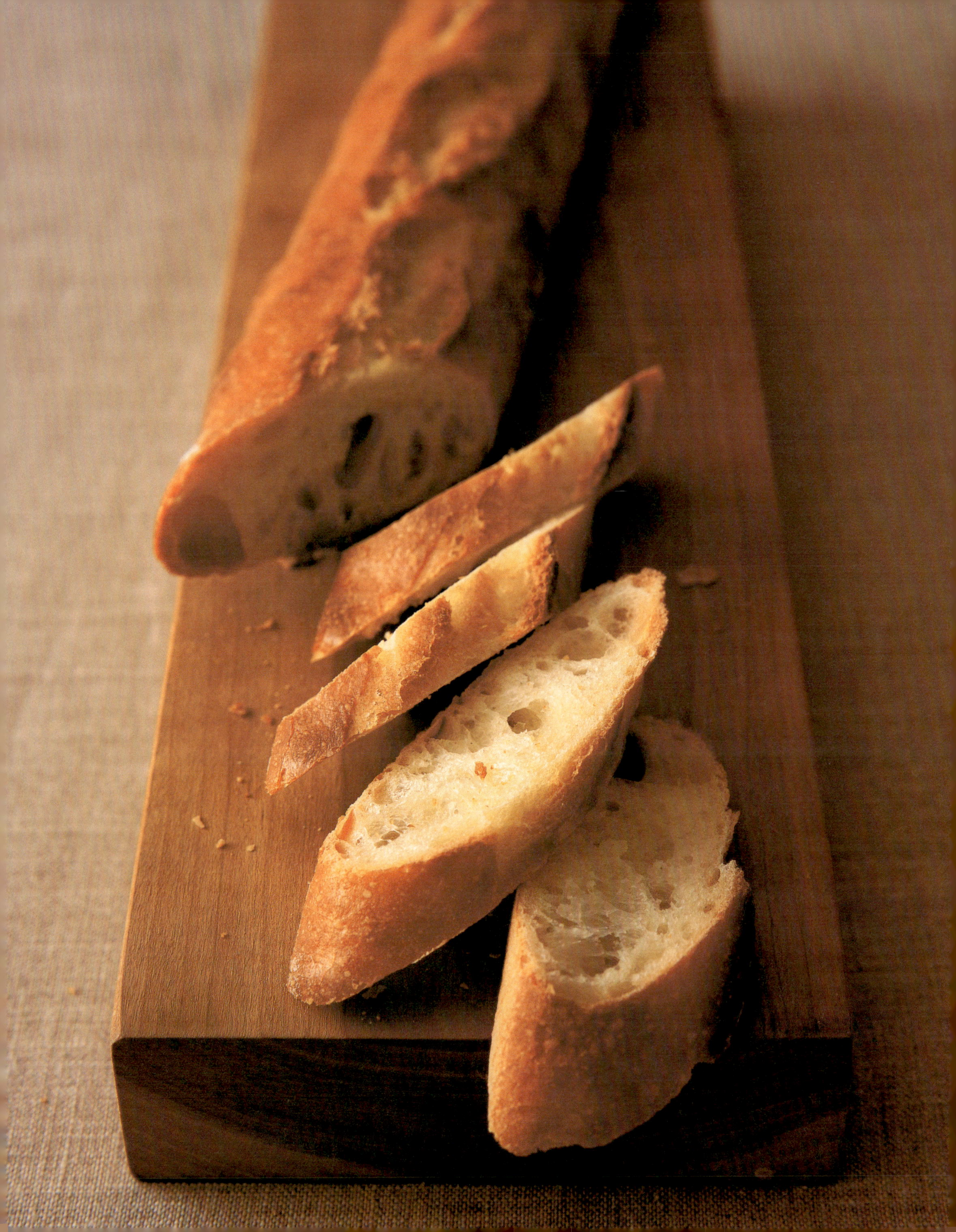

バゲット

Baguette

　イースト量は一般的なバゲットのおよそ20分の1、水分はかなり多め、発酵は冷温で半日以上かけてじっくりと──あらゆる面において既存のセオリーから外れたこのバゲットは、私のパンに対する考え方を象徴するものです。これを食べていただければ、私がどういうパン職人であるかがわかっていただけます。微量イースト、低温長時間発酵にこだわる理由は、酵母の発酵力ばかりに頼らずにじっくりと小麦の力を引き出したいから。パンの発酵とは本来そういうものだったことを思い起こしてみてください。

　これは非常に味の濃いバゲットです。ばりっと香ばしい飴色のクラストは甘く、ひきの強いクラムは噛みしめるうちにじわじわとうまみが広がります。甘みとうまみの理由はイーストの少なさゆえ。小麦に含まれる糖分がイーストに分解されきらずに残り、砂糖を添加したパンの味とは別次元の風味を醸します。

　味を決めるのは何も材料にかぎったことではありません。クラムの形状も深くかかわっています。気泡が大きくなってその膜が厚くなるほど味が強くなります。ここでは水分を多くし、ミキシングを控えめにしてあえてグルテンを均一につなげないことで、粗く、膜の厚い、蜂の巣状のクラムをつくり出し、味わい深さにつなげています。

バゲット

1. ドライイースト予備発酵	40～42℃ 15分
2. ミキシング	㋐2分＋㋐90秒→20分放置→㋐5秒 こね上げ18～20℃
3. 低温長時間発酵	18～20℃ 80% 12～20時間 pH6.2 膨倍率約1.5倍
4. 分割・丸め	350g くるくる2回巻き(P.198)
5. 成形	バゲット形
6. 最終発酵	26℃ 80% 1時間30分～1時間50分
7. 焼成	㊤255℃㊦225℃ 約32分 蒸気:窯入れ前後

配合(粉4kg仕込み)

フランスパン用粉(モンブラン)	70%	(2800g)
フランス産小麦粉(タイプ65)	20%	(800g)
麺用粉(麺許皆伝)	10%	(400g)
塩	2.1%	(84g)
モルト液*	0.8%	(32g)
ドライイースト(サフ)	0.021%	(0.84g)
水	約70%	(約2800g)

●ドライイーストの予備発酵用

ぬるま湯(40～42℃)　ドライイーストの5倍量
グラニュー糖　ドライイーストの1/5量

＊原液を同量の水(分量外)で溶いたもの。

1. ドライイースト予備発酵

ぬるま湯にグラニュー糖を溶かしてドライイーストを加え、湯煎で40～42℃を必ず保って発酵させる。7分後に混ぜ、さらに8分発酵させる(a)。

＊40～42℃に保てなかったら一からやり直す。

2. ミキシング

ミキサーボウルに水、モルト液、塩を入れ、泡立て器で混ぜる。粉を加え、粉の上に予備発酵させたイースト液を入れ(b)、低速で2分混ぜる。付着した生地をカードで掻き落とし(c)、生地のかたさを適宜調節し、低速で90秒こねる(d)。また生地を掻き落とし、20分そのままおく。最後にボウルが1回転する程度(約5秒)低速でこねる。水分が多く、やわらかく、べとつく生地になる(e)。こね上げ温度18～20℃。

＊20分間おくことでオートリーズのような効果が得られ、窯のびがよくなる。

＊最後の低速ミキシングは、20分おいてだれた生地に軽い張りを与えるため。

3. 低温長時間発酵

生地を生地箱に入れる(f)。箱ごとビニール袋に入れ、18～20℃・湿度80%で12～20時間発酵させる(g)。発酵後pH6.2。膨倍率約1.5倍。

＊このバゲット生地で大納言小豆の蜜漬けを包むバリエーションも可能(P.48大納言)。

生地内の水分は窯内で一気に水蒸気に変わって生地を四方八方に押し広げる。気泡が粗く不揃いなのは、低ミキシングのためグルテン膜が均一につながっていないから。気泡が粗くなるほど気泡膜は厚くなり、ひきのある、強い噛みごたえを生む。クラムがクリーム色になるのは小麦粉中のカロテンが焼き残るから。クラストが赤みをおびた飴色になるのは、小麦の糖分の仕業。通常はイーストが糖分をほとんど分解してしまうが、イースト量が少ないために糖分が残り、甘く、香ばしい焼き色、風味になる。

4. 分割・丸め

手粉をふって生地を台にあける。350gの横長の四角形に分割する(h)。手前からくるくると2回巻き、キャンバス地に並べる(i)。室温(23℃)で15分休ませる。

5. 成形

バゲット形に成形する(j)。生地内部のガスを抜かないように、やさしく扱うこと。とじ目を下にして、キャンバス地にひだで仕切って並べる。

6. 最終発酵

26℃・湿度80%で1時間30分〜1時間50分発酵させる(k)。

7. 焼成

取り板にのせてスリップピールに移し(l)、2mm深さのごく浅いクープを5本入れる(m・イラスト)。

上火255℃・下火225℃で、蒸気を窯入れ前と後に同量ずつ入れ、約32分焼く。クラストが飴色になればよい。

＊生地がとてもやわらかいため、クープを浅い角度に入れることは不可能だし、浅く入れると焼成中にくっついてしまう。

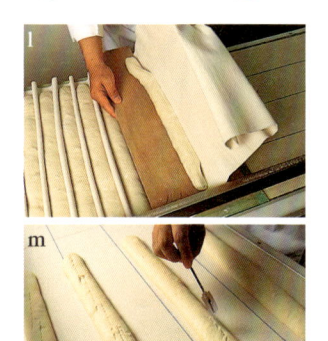

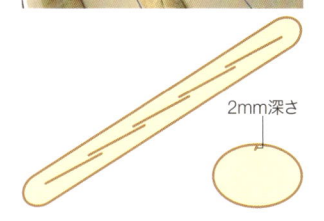

2mm深さ

①微量イースト・長時間発酵でつくるパン

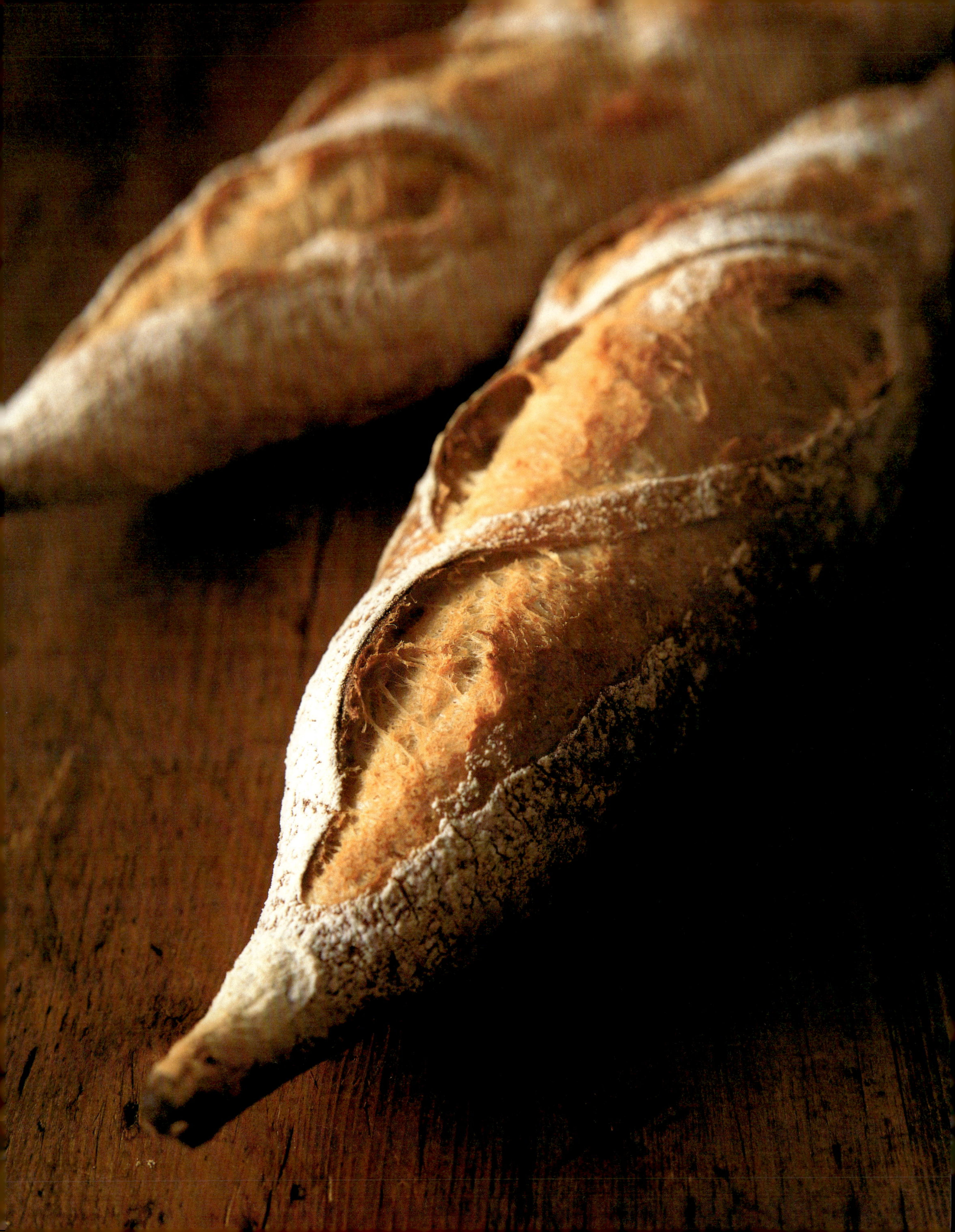

バゲットムニエ

Baguette Meuniere

　〈バゲットムニエ〉は、MOF(フランス国家最優秀職人)ブーランジェ、ティエリー・ムニエ氏がプロデュースした小麦粉の名前です。ムニエ氏が自身の生まれ故郷の小麦を愛し、地元の農家や製粉所と共同開発したものであり、煎ったトウモロコシ粉をわずかに混ぜた石臼びきのこの粉は、自然の力を体現するかのような強い甘みと滋味を秘め、焼いたときのうまみと香ばしさが格別です。氏のパリの店〈オ・デュック・ド・ラ・シャペル〉で研修を受けた際、パンに対する真摯な姿勢に共感を覚え、敬意を込めて粉の名前を冠したこのバゲットをつくりました。

　製法も氏にならってオートリーズ──小麦粉、水、モルトだけを練り合わせて30分ほど放置した後にイーストを加える製法──を採用しています。グルテンの形成を妨げる塩やイーストを加える前にしっかりこねてグルテンをだし、張りのあるなめらかな生地をつくるのです。イースト量は一般的なバゲットの4分の1程度と少なめですが、低温でじっくり発酵させることで小麦のうまみを引き出します。窯のび、火抜けがよいため、クラストは薄めに、クラムも軽やかに焼き上がります。41ページに紹介したバゲットとは、まったく異なる味わいです。

バゲットムニエ

1. オートリーズ　　Ⓛ4分　こね上げ18℃
　　　　　　　　　18℃ 80% 30分
2. ドライイースト予備発酵　40〜42℃ 15分
3. 本ごね　　Ⓛ1分→塩Ⓓ Ⓛ4分 こね上げ23℃
4. ボリュームアップ　カード引っ張り1回転半×2回
5. 冷蔵長時間発酵　6℃ 18時間 pH5.6
6. 分割・丸め　280g 中央の太いくるくる2回巻き(P.199)
7. 成形　バゲットアンシエンヌ形
8. 最終発酵　26℃ 80% 40〜50分
9. 焼成　⬆270℃ ⬇240℃ 約25分 蒸気:窯入れ前

配合(粉4kg仕込み)

フランス産小麦粉(バゲットムニエ)　100%(4000g)
塩　2%(80g)
モルト液*　0.6%(24g)
ドライイースト(サフ)　0.15%(6g)
水　約65%(約2600g)

● ドライイーストの予備発酵用

ぬるま湯(40〜42℃)　ドライイーストの5倍量
グラニュー糖　ドライイーストの1/5量

*原液を同量の水(分量外)で溶いたもの。

1. オートリーズ

ミキサーボウルに水、モルト液、粉を入れ、低速で4分こねる(a)。こね上げ温度18℃。生地を生地箱に入れ、18℃・湿度80%で30分おく。
＊グルテンの形成を妨げる塩やイーストが加わる前のこの段階でしっかりグルテンをだす(=窯のびがよくなる)。

2. ドライイースト予備発酵

ぬるま湯にグラニュー糖を溶かしてドライイーストを加え、湯煎で40〜42℃を必ず保って発酵させる。7分後に混ぜ、さらに8分発酵させる(b)。
＊40〜42℃に保てなかったら一からやり直す。

3. 本ごね

1の生地をミキサーボウルに戻し、予備発酵させたイースト液を加え(c)、低速で1分混ぜる。塩を加えて低速で4分こね、途中、付着した生地を1回掻き落とす(d)。グルテンがしっかりでたのびのよい生地になる(e)。こね上げ温度23℃。生地を生地箱に入れ、室温(23℃)で20分休ませる。

4. ボリュームアップ

カードで生地を周りから中央へとぐいっと力強く引っ張る(f)。箱を45度ずつ回転させながら順に引っ張り、箱が1回転半するまでくり返す。室温で20分休ませた後、また同様に行う。
＊ここで使用しているフランス産小麦粉は、たんぱく質量が通常のフランスパン用粉よりも約1%低い。そのグルテン不足を補う意味で、ぐいぐいと力強く引っ張って生地をぷりんと張らせ、ボリュームをしっかりだす。

石臼びきフランス産小麦粉は味が濃いため、ボリュームをだして気泡膜を薄くした方がおいしいバゲットになる(詰まっていると重く、粉が蒸れたようなクセのあるにおいが残る)。オートリーズでグルテンをしっかりつなげ、さらに手作業で表面のグルテンを張らせて窯のびをよくし、十分なボリュームをだす。それを高温で短時間で焼くことにより、クラストは薄めに、クラムは適度に気泡数の多い、膜の薄い軽やかな仕上がりになる。

5. 冷蔵長時間発酵

生地表面にビニールシートを密着させて乾燥を防ぎ(g)、さらに箱ごとビニール袋に入れ、冷蔵庫(6℃)で18時間発酵させる(h)。発酵後pH5.6。

6. 分割・丸め

18℃・湿度80%で生地を12℃まで戻す。手粉をふって台にあけ、280gに分割する(i)。中央が太くなるように巻き、キャンバス地に並べる(j)。室温で30分休ませる。

＊生地内部のガスを抜かないように、生地表面だけを張らせて巻く。

7. 成形

バゲットアンシエンヌ形に成形する(k)。とじ目を下にして、キャンバス地にひだで仕切って並べる。

＊表面に風船状に飛び出したガスのみ抜き、内部のガスは抜かずに、表面だけを張らせて成形する。

8. 最終発酵

26℃・湿度80%で40〜50分発酵させる(l)。

9. 焼成

スリップピールに移し、粉が足りなければ茶漉しでふり、5mm深さのクープを4本入れる(m・イラスト)。
上火270℃・下火240℃で、窯入れ前に蒸気を多めに入れ、約25分焼く。

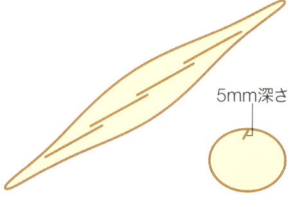

5mm深さ

① 微量イースト・長時間発酵でつくるパン　47

大納言

Dainagon

　むっちりした食感の、噛むほどに広がるコクが身上のバゲット生地に、合いの手を入れるようにじわりと絡む大納言の甘さ。パンに小豆という定番の組み合わせながら、強いインパクトをもつハーモニーだと自負しています。くねっと曲がった形は、しばしばクエスチョンマークや傘の柄にたとえられますが、引っかけてディスプレイする立体的な表現を試みた結果、このようなユニークな形になりました。

1. バゲット生地	P.42・1〜3参照
2. 分割・丸め	150g くるくる2回巻き
3. 成形	大納言を包んでバゲット形
4. 最終発酵	26℃ 80% 1時間
5. 焼成	上255℃ 下225℃ 約25分 蒸気:窯入れ前後

配合

バゲット生地(P.42)　150g/1個
大納言の蜜漬け　約100g/1個

＊大納言は大粒の小豆の総称。北海道のあかね大納言、東北の岩手大納言、丹波の丹波大納言、京都の京都大納言などが有名。市販の蜜漬け、甘煮を利用。

1. バゲット生地を仕込む

42ページの1〜3を参照してバゲット生地を仕込む。

2. 分割・丸め

手粉をふって生地を台にあけ、150gに分割する。手前からくるくると2回巻き、キャンバス地に並べて室温(23℃)で15分休ませる。

3. 成形

大納言の蜜漬けは、汁気が残っていれば切っておく(a)。手粉をたっぷり使って生地を軽く押さえて平らな長方形にする。手前から1/3をたたんで軽く押さえ(b)、両手で持ち上げて軽く横にのばして長方形に整え直し、大納言をたっぷりのせて生地に押しつける(c)。手前を1cm残して向こう側からたたみ(d)、さらに半分にたたんで手のひらの付け根で生地同士をくっつける(e)。前後に転がして棒状に整え(f)、キャンバス地にひだで仕切って並べる。

4. 最終発酵

26℃・湿度80%で1時間発酵させる(g)。

5. 焼成

生地表面の粉が足りなければ茶漉しでふり足し、スリップピールの上にクエスチョンマークのような形に整えて並べる(h)。上火255℃・下火225℃で、蒸気を窯入れ前後に同量ずつ入れ、約25分焼く。

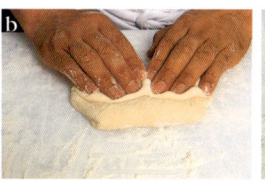

①微量イースト・長時間発酵でつくるパン

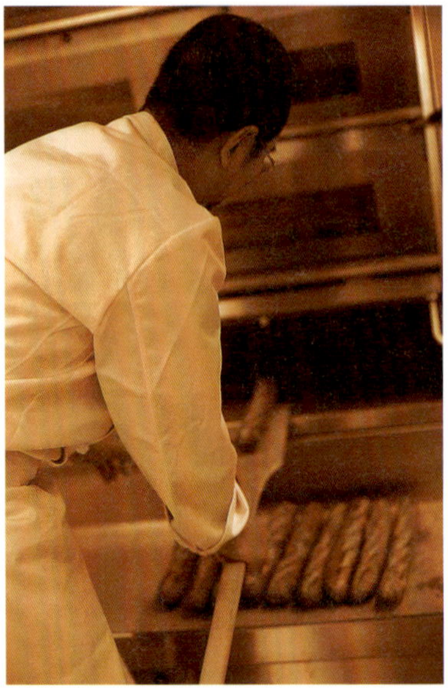

②

イースト・通常発酵でつくるパン

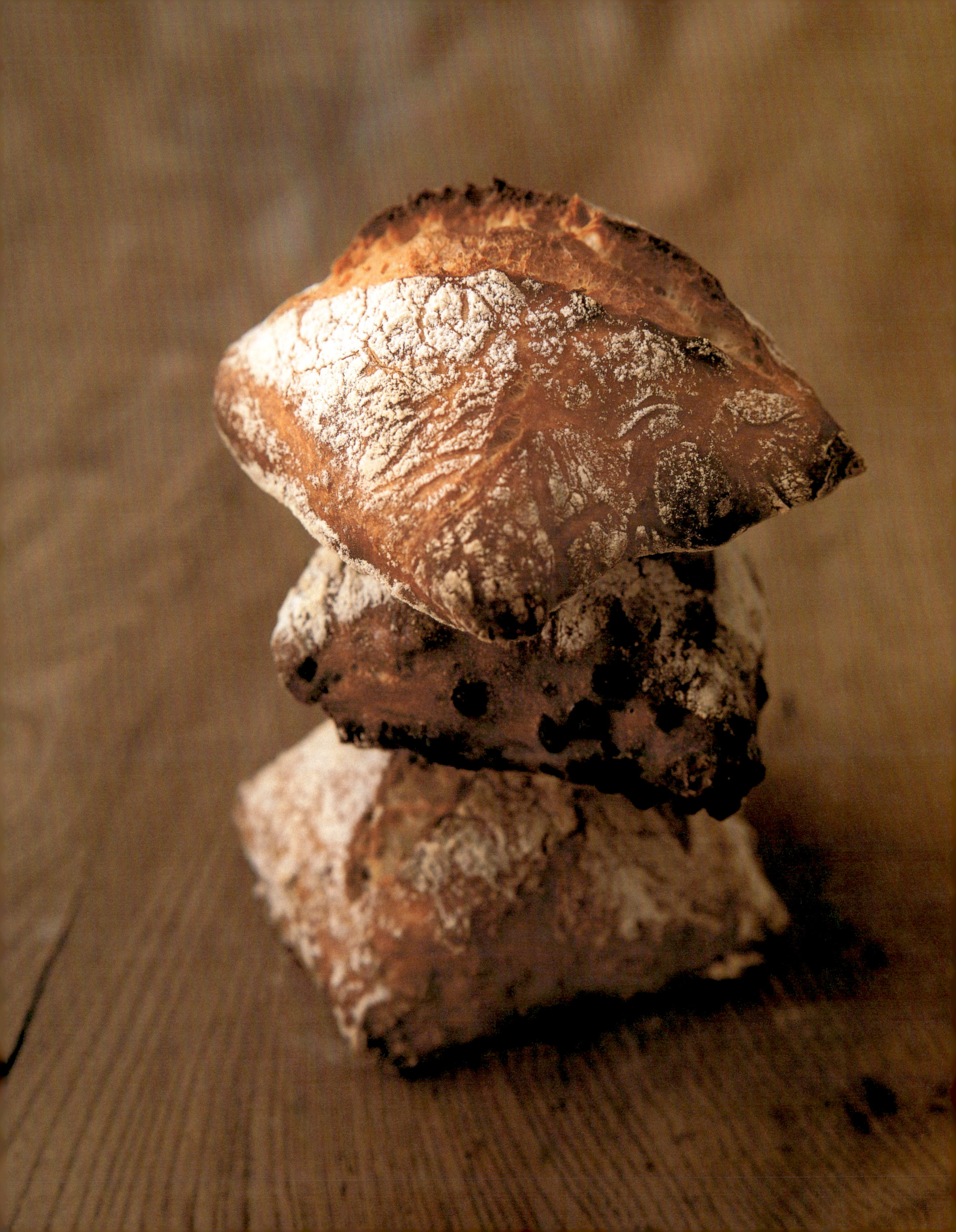

リュスティック

Pain rustique

　リュスティックは、素朴な、田舎風の、というフランス語の意味の通り、木訥としたおおらかなたたずまい。がっしりハードなパンです。このパンは、自分の手でつくり出すという感覚が一番実感できるパンかもしれません。つくり手の力量がストレートに表れ、ひとりひとり違った味に仕上がるのです。

　リュスティックはまず、頑丈なクラストありき。つまり、低ミキシングでグルテンをだしきっていない高吸水の生地を高温で焼き固めるのです。どの程度ボリュームをだすかによってクラムの形状と味わいが大きく変わり、それを手作業で加減します。まさにこの工程こそ、パンづくりの醍醐味。強めに張らせてボリュームをだして軽くするか、弱めにたたんでボリュームを抑えて、歯ごたえと味わい深さを求めるか──完成像を思い描きながら作業します。

　応用もまた自在です。マカデミアナッツとビターチョコレートを混ぜ入れると、ナッツのしゃっきりとした歯ざわりとチョコレートの硬派な苦みが印象的な、素材の組み合わせから受けるイメージに反して大人びた風味に。有塩バターをぬって食べるのもおすすめです。またフリーカという焙煎全粒小麦をたっぷり焼き込むと、まったく異なる風合いになります。ぷちぷちしたフリーカは、噛みしめるとほとばしるような香ばしさがあり、栄養面でもたいへん優れた、満足感いっぱいのパンになります。

リュスティック

1. ミキシング	L2分 こね上げ20℃
2. 骨格づくり	カード折りたたみ1回転半×2回
3. 一次発酵	26℃ 80% 4時間
4. ボリュームアップ=成形1	三つ折り×2回
5. 分割=成形2	150g 正方形
6. 最終発酵	26℃ 80% 40分
7. 焼成	上270℃ 下250℃ 10分→上250℃ 下230℃ 合計約25〜30分 蒸気：窯入れ前後

配合（粉1.5kg仕込み）

フランスパン用粉（モンブラン） 60%（900g）
フランス産小麦粉（タイプ65） 30%（450g）
フランス産小麦粉（ムールドピエール） 10%（150g）
塩 2.2%（33g）
モルト液* 0.4%（6g）
インスタントドライイースト（サフ） 0.15%（2.25g）
水 約81%（約1215g）

＊原液を同量の水（分量外）で溶いたもの。

1. ミキシング

粉にあらかじめインスタントドライイーストを加えて手で混ぜておく。ミキサーボウルに水、塩、モルト液を入れて泡立て器で混ぜる。イースト入りの粉を加え、低速で2分混ぜる。水分が多く、べちゃっとしたまとまりのない生地になる(a)。こね上げ温度20℃。生地をボウルに移し、室温（23℃）で30分休ませる。

＊ミキシングのポイントは、配合の特徴ともいえる多めの水分量の見極めと、粉粒の芯まで完全に水分を吸わせること。ふんわりさせるタイプのパンではないため、グルテンをだすことを意識する必要はない。

2. 骨格づくり

カードで生地を周りから中央に折りたたむ。ボウルを45度ずつ回転させながらたたみ(b)、ボウルが1回転半するまでくり返す。室温で30分休ませた後、同様の作業をもう一度くり返す。

＊ここでパンの骨格が決まる。生地を引き締めるような感じでたたむとよい。低ミキシングでべちゃっとしていた生地が、くり返したたむことでなめらかになり、もっちりとしてくる（グルテンがでる）。

3. 一次発酵

26℃・湿度80%で4時間発酵させる(c)。

4. ボリュームアップ=成形1

手粉をたっぷりふって生地を台にあける。グルテンの網目組織がほどよく形成されている(d)。三つ折りを2回行う。まず左右から1/3ずつたたみ、下、上からも1/3ずつたたむ(e)。たたみ終わりの面を下にしてキャンバス地にのせ(f)、室温で15分休ませる。

＊ここで上方向へのボリュームと風味が決まる。と同時に、切りっ放しのこのパンの場合はここからもう成形が始まっている。三つ折りにする際、生地を引っ張らずにたためば上へのボリュームがやや抑えられ、やや詰まり気味に焼き上がって風味が濃く仕上がる。生地をしっかり張らせてたためば、より上に膨らむため食感も風味も軽くなる。

がっしり厚めのクラストとクープに向かって縦長にのびた粗い気泡こそ、リュスティックの絶対条件。これらは81%もの、限界量ともいえる多量の水分を高温で一気に水蒸気に変え、その力を全方向にではなく上へと集中させた結果生まれる。クープをやや深めに入れて蒸気を中央に誘導することも大切。上へのボリュームアップは、低ミキシングの生地を手作業で何度も折りたたんで積み上げることで得られる。

5. 分割=成形2

生地の天地をひっくり返す(g)。室温で15分休ませた後、再び天地を返す。四隅を軽く引っ張って四角形にし、150gの正方形(約8cm角)に分割する(h)。キャンバス地に並べる。

＊2回ひっくり返すことで、生地に余分な負担をかけずに均一な厚さにできる。

6. 最終発酵

26℃・湿度80%で40分発酵させる。

7. 焼成

茶漉しで粉をふり、カードですくい取ってスリップピールに移す(i)。クープを斜めに1本入れる(j)。

上火270℃・下火250℃で、窯入れ前後に蒸気を同量ずつ入れて10分焼き、上火250℃・下火230℃に下げて合計約25〜30分焼く。

＊高温で生地内の水分を一気に蒸気に変えて窯のびさせるのがリュスティックの特徴。

◎チョコ&マカデミア入り

配合：水を80%に変更し、副材料としてチョコチップ30%、マカデミアナッツ(半割り)35%を追加。

副材料の加え方：低速で2分こねてから加え、低速で2分混ぜる(k)。

その他の工程は左記と同様。

◎フリーカ入り

配合：副材料としてフリーカ(炊いたもの)30%を追加。

フリーカの炊き方：米を炊く要領で、1.2倍容量の水加減で塩(フリーカの0.8%)を加えて炊き、完全に冷ます。

フリーカの加え方：生地は1〜4と同様に仕込む。4の三つ折り時に、折る前に生地の中央にフリーカを広げ(l)、1回たたむたびにフリーカをのせて折り込んでいく(m)。

その他の工程は左記と同様。

②イースト・通常発酵でつくるパン

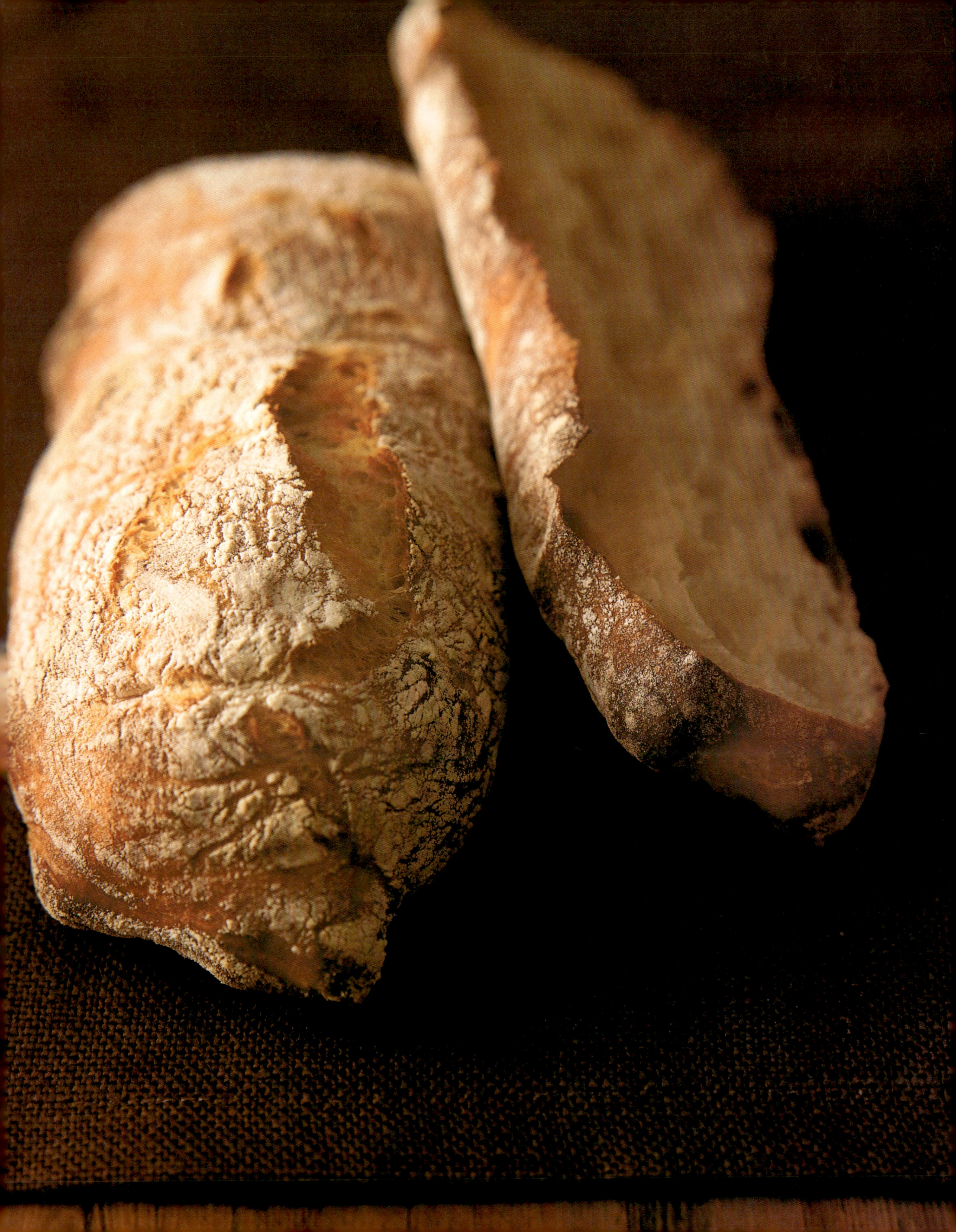

チャバタ

Ciabatta

　平たい長四角がチャバタのトレードマーク。生まれはイタリアですが、いまではヨーロッパをはじめ、さまざまな国で広く親しまれています。大きな気泡がぼこぼこ入ったクラムも薄いクラストも歯切れがよく、具を挟んで食べるのにぴったりです。食パンのサンドイッチのようなふんわりやわらかな食感ではなく、クラストはクリスピー、クラムの歯ごたえも強め。だからオリーブ油をふんだんに使ったイタリア料理にことのほかよく合うのでしょう。焼き直して食べるのが前提ですから、焼きはやや浅め、クラストの色も薄めです。

　そのまま味わうのなら、はちみつで煮たしょうがを生地に混ぜるアレンジはいかがでしょう。和と洋をつなぐばかりでなく、さまざまな食のフィールドで軽やかに個性を発揮するしょうが。このキャラクターを生かすにはどんなパンがふさわしいか、あれこれと試みた結果、チャバタとの組み合わせに行き着きました。みずみずしい甘さとさわやかな香気が絶妙なアクセントになります。

チャバタ

1. ミキシング	L2分 こね上げ20℃
2. 骨格づくり	カード引っ張り×3回
3. 一次発酵	26℃ 80% 5時間
4. ボリュームアップ=成形1	三つ折り×2回
5. 分割=成形2	260g 長方形
6. 最終発酵	26℃ 80% 40分
7. 焼成	上270℃ 下240℃ 7分 → 上240℃ 下220℃ 合計約17分 蒸気：窯入れ前後

配合（粉2.5kg仕込み）

強力粉（ベチカ）　40%（1000g）
フランス産小麦粉（タイプ65）　40%（1000g）
フランスパン用粉（モンブラン）　20%（500g）
塩　2.1%（52.5g）
モルト液＊　0.6%（15g）
インスタントドライイースト（サフ）　0.15%（3.75g）
水　約80%（約2000g）

＊原液を同量の水（分量外）で溶いたもの。

1. ミキシング

粉にあらかじめインスタントドライイーストを加えて手で混ぜておく。ミキサーボウルに水、塩、モルト液を入れて泡立て器で混ぜる。イースト入りの粉を加え、低速で2分混ぜる。水分が多く、べちゃっとしたまとまりのない生地になる（a）。こね上げ温度20℃。生地をボウルに移し、室温（23℃）で20分休ませる。

＊ミキシングのポイントは、配合の特徴ともいえる多めの水分量の見極めと、粉粒の芯まで水分を完全に吸わせること。ふんわりさせるタイプのパンではないため、グルテンをだすことを意識する必要はない。

2. 骨格づくり

カードで生地を周りから反対方向にぐいっと引っ張る。ボウルを回しながらゆるんだ部分を引っ張る（b）。1周したら室温で20分休ませた後、同様の作業をもう一度くり返し、また休ませて同様の作業をくり返す（c）。

＊ここでパンの骨格と風味が決まる。四方八方からぐいぐいと力強く引っ張って生地を張らせると、べちゃっとしていた生地が次第になめらかになり、張りがでて（グルテンがでる）、焼成すると大きな丸い気泡の入ったクラムになる。

3. 一次発酵

26℃・湿度80%で5時間発酵させる（d・e）。

発酵前
発酵後

4. ボリュームアップ=成形1

手粉をたっぷりふって生地を台にあける。グルテンの網目組織がほどよく形成されている（f）。三つ折りを2回行う。まず左右から1/3ずつたたみ、下、上からも1/3ずつたたむ（g）。室温で15分休ませる。

＊ここで上方向へのボリュームが決まる。チャバタは平たい形が特徴のパンなので、強い力で引っ張らずにたたむとよい。生地を張らせすぎると上へのボリュームがですぎてしまう。

薄くクリスピーなクラストと大きな丸い気泡がぼこぼこ開いたクラムがチャバタの特徴であり、歯切れのよさの秘訣。水分量が多く、窯のびのよい生地を高温で焼くことで大きな気泡ができる。気泡の形が丸いのは、カードで四方八方から生地を引っ張って生地表面のグルテンをつなげ、生地内に生じた水蒸気を全方向に広げる構造をつくっているから。焼きが浅く、クラストが薄いため、時間がたつとやわらかく戻るが、焼き直すとクリスピーな食感がよみがえる。

5. 分割＝成形2

生地の天地をひっくり返す。室温で15分休ませた後、再び天地を返す。四隅を軽く引っ張って四角形にし、260gの長方形に分割する(h)。キャンバス地に並べる。

＊2回ひっくり返すことで、生地に余分な負担をかけずに均一な厚さにできる。

6. 最終発酵

26℃・湿度80%で40分発酵させる。

7. 焼成

生地表面に茶漉しで薄く粉をふり、指3本を4〜5回突きさす(i)。取り板にのせてスリップピールに移す(j)。

上火270℃・下火240℃で、蒸気を窯入れ前後に同量ずつ入れて7分焼き、上火240℃・下火220℃に下げて合計約17分焼く。

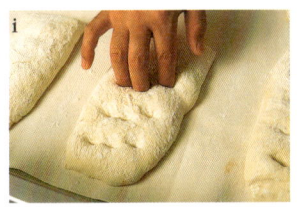

◎しょうがのはちみつ煮入り

配合：副材料としてしょうがのはちみつ煮5%、その煮汁5%を追加。

しょうがのはちみつ煮：しょうがは皮をむいてせん切りにして3回煮こぼした後、ひたひたのはちみつでやわらかくなるまで煮る。完全に冷ます(k)。

加えるタイミング：ミキサーボウルに水、塩、モルト液を入れた際、一緒に入れて泡立て器で混ぜる。以降、最終発酵まではプレーンと同様。

焼成：条件は7と同様だが、7分後に設定温度を下げると同時にオーヴン扉を開けて窯内の温度を下げ、再び扉を閉めて焼き上げる。

トマーテン

Tomatenbrot

　セミドライトマトとトマトピューレをたっぷり混ぜた元気なオレンジ色のこのパンは、まろやかな味わいが魅力です。トマトやオリーブ以外にどんな材料を使っているのか、食べてもなかなか言い当てられないと思います。試作をくり返し、風味を調整するうちに、少しずつ副材料が増え、複合的な味わいに仕上がりました。素材の味をそのまま反映させることがおいしさに結びつく場合もありますが、このようにいくつもの風味を重ねることで完成するおいしさもまたあるのです。

0. 準備	セミドライトマトの油漬け：1cm角切り
1. ミキシング	L3分＋H3〜4分→バター↓L2分→副材料↓L2分→H3分　こね上げ24℃
2. 一次発酵	26℃ 80% 2時間
3. 分割・丸め	クッペ：150g 団子：60g──丸形
4. 成形	クッペ形　3連団子形
5. 最終発酵	27℃ 80% 1時間
6. 焼成	上240℃下200℃ クッペ：約18分 団子：約11分　蒸気：窯入れ後

配合（粉2kg仕込み）

フランスパン用粉(モンブラン)	60%(1200g)	モルト液*	1%(20g)
麺用粉(麺許皆伝)	20%(400g)	生イースト	2%(40g)
セモリナ粉	20%(400g)	エルブ・ド・プロヴァンス	1%(20g)
無塩バター	7%(140g)	コンソメ(粉末)	1%(20g)
セミドライトマトの油漬け	20%(400g) A	フライドオニオン	2%(40g)
黒オリーブ(種抜き)	10%(200g)	はちみつ	4%(80g)
塩	2.1%(42g)	牛乳	20%(400g)
		トマトピューレ	30%(600g)
		水	約24%(約480g)

＊原液を同量の水（分量外）で溶いたもの。

0. 準備

セミドライトマトの油漬けは、セミドライトマトを各種ハーブやにんにくとともにオリーブ油に漬けたもの。これをキッチンペーパーにのせて油をよく切った後、1cm角に切り、計量する。

1. ミキシング

ミキサーボウルにAの材料を入れ、泡立て器でよく混ぜる。粉を加え(a)、低速で3分、高速で3〜4分こねて生地をつなげる。バターを握りつぶして加え、低速で2分混ぜる。バターが混ざったら準備したセミドライトマトの油漬けと黒オリーブを加え(b)、低速で2分混ぜ、高速で3分こねる。つやつやしてのびのよい生地になる(c)。こね上げ温度24℃。

2. 一次発酵

生地をまとめて生地箱に入れ、26℃・湿度80%で2時間発酵させる。

3. 分割・丸め

手粉をふって生地を台にあけ、クッペ用(大)は150g、団子用(小)は60gに分割し、両方とも軽く丸める。26℃・湿度80%で30分休ませる。

4. 成形

大はクッペ形に成形し(d)、小はなまこ形にしてから両手刀を当てて前後に転がして3連団子形にする(e)。粉をまぶし、とじ目を下にして天板に並べる。クッペ形には左右対称に斜めのクープを7本ずつ入れる(イラスト)。

＊団子形はとじ目を必ず真下にすること。少しずれるだけで、焼成中にとじ目が割れてしまう。

5. 最終発酵

27℃・湿度80%で1時間発酵させる。

6. 焼成

天板を2枚重ねにする。上火240℃・下火200℃で、窯入れ後に蒸気を多めに入れてクッペ形は約18分、団子形は約11分焼く。

イタリエニッシュ

Italienisches Brot

　野菜のポタージュのようなパンがあったら——そんな発想からこのパンは生まれました。配合表に水はなく、水分は野菜のピューレと牛乳だけ。まさにポタージュのようでしょう？ 四角い黄色はかぼちゃ味、三角はにんじん、緑色はほうれん草風味。ひとつまみのせた岩塩が野菜の甘みを際立たせます。ぱくっとかぶりついてもすんなり噛み切れるように油脂分を多めに配合し、子どもからお年寄りまで安心して楽しんでいただけるようにしました。噛むうちに舌の上でやさしく溶けていきます。

工程	
0. 準備	かぼちゃピューレをつくる
1. ミキシング	L3分＋H2分 こね上げ23℃〜24℃
2. 一次発酵	26℃ 80% 70分
3. 成形1	折りたたみ×2回
4. 分割＝成形2	70g 正方形
5. 最終発酵	26℃ 80% 40分
6. 焼成	上238℃ 下215℃ 約10分

配合(粉1kg仕込み)〜かぼちゃ味〜

強力粉(スリーグッド) 30%(300g)
フランスパン用粉(モンブラン) 40%(400g)
フランス産小麦粉(タイプ65) 30%(300g)

A
- 塩 2.2%(22g)
- 生イースト 2.5%(25g)
- 生クリーム(乳脂肪分41%) 20%(200g)
- EVオリーブ油 10%(100g)
- 牛乳 約20%(200g)
- かぼちゃピューレ 75%(750g)

ローズマリー(フレッシュ) 0.4%(4g)*

●仕上げ
岩塩

*ハーブの量は好みで調節する。この量だとかなり強く香る。

0. 準備

かぼちゃピューレをつくる。かぼちゃはワタと皮を取り、蒸す。ごく少量の水を加えてフードプロセッサーにかけてなめらかにする(a右)。

*使用するピューレの水分量によって生地の水加減が変わる。ミキシング時に牛乳の量で調整する。

*にんじん味、ほうれん草味のつくり方は右記◎を参照。

1. ミキシング

ミキサーボウルにAの材料を入れて泡立て器で混ぜる。粉を加え(b)、低速で3分こねる。ローズマリーを加え(c)、高速で2分こねる。のびずにぼそっと切れる、まとまらない生地になる(d)。こね上げ温度23℃〜24℃。

2. 一次発酵

生地を生地箱に入れ、26℃・湿度80%で70分発酵させる。

3. 成形1

手粉をふって生地を台にあけ、四隅を軽く引っ張って四角形にし、左右から1/4ずつたたむ(e)。室温(23℃)で15分休ませた後、上下からも1/4ずつたたむ。厚みが3〜4cmになっているのが理想。

*ここでの目的は、生地を四角形に整えて厚みを3〜4cmにならすこと。力を加えて引っ張ってたたむと、グルテンがでて、焼き上がりに生地がはじけてしまうので注意。

4. 分割＝成形2

生地の天地をひっくり返してたたみ終わりを下にし、70gの正方形に分割する(f)。天板に並べる。

*生地を張らせずに切りっ放しにすることで、ぼそっとしたイタリアパンらしい食感になる。

5. 最終発酵

26℃・湿度80%で40分発酵させる。

6. 焼成

生地に霧を軽く吹き、岩塩を1つまみのせる。天板を2枚重ねにして上火238℃・下火215℃で約10分焼く。

*生地の芯まで火が通ったら直ちに取り出す。焼きすぎるとクラムがぱさつく。

◎にんじん味

配合：かぼちゃ味からローズマリーを除き、塩1.8%、牛乳約15%にし、ピューレはにんじんピューレ50%にかえる。

にんじんピューレ：皮をむいたにんじんとセロリ(分量比4：1)を水適量と塩少々を加えて煮る。これをごく少量の煮汁を加えてフードプロセッサーにかけてなめらかにする(a左上)。

分割＝成形2：70gの三角形に切る。

その他の工程はかぼちゃ味と同様。

◎ほうれん草味

配合：かぼちゃ味からローズマリーを除き、塩を1.8%にする。ピューレはほうれん草のピューレ30%にかえ、よく炒めて脂を除いた細切りベーコン30%を加える。

ほうれん草ピューレ：ほうれん草をゆで、フードプロセッサーにかけてなめらかにする(a左下)。

ミキシング：ピューレは1と同様に加えるが、粉を加えて低速で3分こねた後、高速で90秒こね、ベーコンを入れて低速で30秒混ぜる。これ以降の工程はかぼちゃ味と同様。

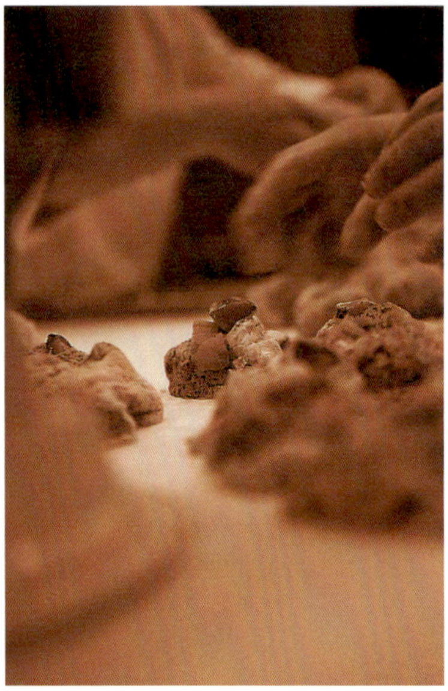

③

イーストでつくるリッチ&スイートパン

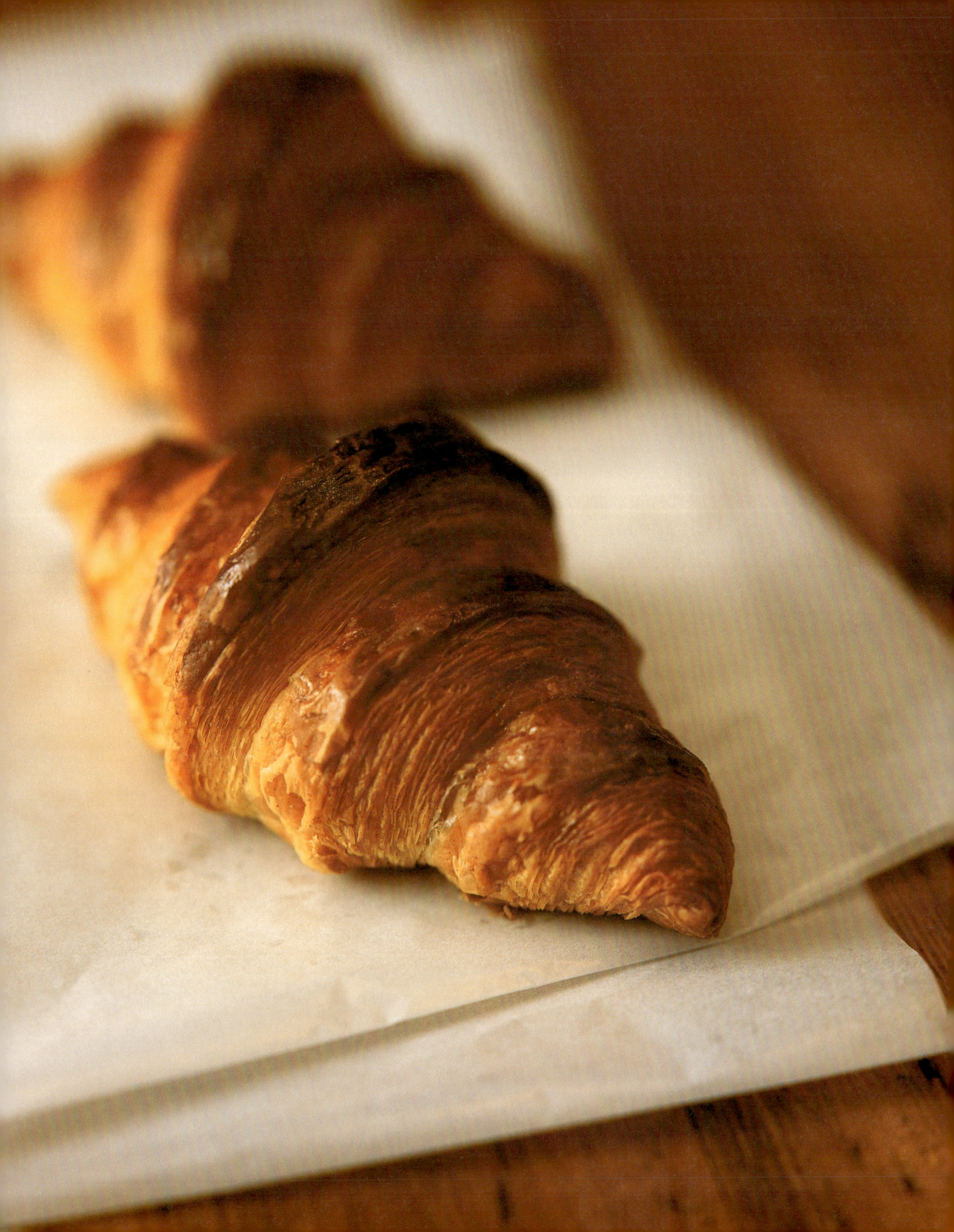

クロワッサン

Croissant

　クロワッサンはとかくバターの味わいの贅沢さに目がいきがちですが、それにも増して重要なのが生地の配合であり、生地とバターをいかに操るかです。口にしたときにどんな音のする生地に仕立てるのか、ボリュームはどの程度だすのか、完成像をしっかり定め、それを実現するために配合、製法を工夫します。
　ここに紹介するものは、エッジは甘く香ばしく、かりかりした小気味よい食感。その内側の多層構造の生地は、最初はざっくりした歯ざわりですが、噛むうちに舌の上でとろけるようにほどけていき、バターの風味が口の中いっぱいに広がります。全粒紛ときび砂糖を配合して主張のあるうまみと雑味を与え、リッチななかに素朴さをしのばせました。表面が焦げる一歩手前までぎりぎり我慢して、ぱりんと香ばしく焼いてください。芯までしっかり火を通すのも忘れずに。

クロワッサン

0. 準備	折り込み用バター：24cm角の正方形
1. ミキシング	ⓛ3分15秒 こね上げ20℃
2. ローリング	2回
3. 一次発酵	26℃ 80% 20〜30分
4. のばす	1.5cm厚の正方形
5. バターを包む	
6. 三つ折り	3回
7. 成形	3.66mm厚、底辺8×高20cmの二等辺三角形
8. 最終発酵	27℃ 80% 3時間
9. 焼成	⬆260℃⬇220℃ 約12分

配合(粉1kg仕込み)

●デトランプ

フランスパン用粉(モンブラン)	60%(600g)
フランス産小麦粉(タイプ65)	25%(250g)
小麦全粒粉(シュタインマーレン)	15%(150g)
A ┌ 塩	2%(20g)
├ きび砂糖	8%(80g)
├ モルト液*	1%(10g)
├ 生イースト	2.5%(25g)
├ 牛乳	42%(420g)
└ 水	約8%(約80g)
無塩バター	7%(70g)
折り込み用無塩バター	70%(700g)
溶き卵	

*原液を同量の水(分量外)で溶いたもの。

0. 準備

折り込み用バターを10〜14℃に戻し、麺棒で叩いて薄くし、ビニール袋に入れてさらに叩いて24cm角の正方形にする(a)。冷蔵庫(6℃)で20時間ほど冷やす。

*折り込みの作業は粉1kg仕込みの単位で行うと効率がよいため、2kg以上仕込む場合は、粉1kg分ずつに分けて作業するとよい。これ以降のバター、生地の重量・サイズはすべて粉1kg仕込みの場合の数値。

*バターは翌日使う分だけを準備する。何日も冷蔵庫に入れておくとのびが悪くなる。

1. ミキシング

粉を合わせ、デトランプ用バターを入れて粉をまぶしながら握りつぶす(b)。バターが小さくなったら両手ですり合わせて細かくする(c)。

ミキサーボウルにAの材料を入れて泡立て器で混ぜる(d)。バター入りの粉を加え(e)、低速で3分15秒こねる。ややぼそぼそした、グルテンが最低限つながった状態でよい(f)。こね上げ温度20℃。

*ここで目指しているのはふわふわしたボリューム感のあるクロワッサンではなく、ざくっとした食感のしっかりしたタイプ。そのためには、ミキシングでグルテンをだしすぎないことが大切。2・5・6の工程でもグルテンは少しずつでるため、それを見越してここでは控えめにつなげておく。

2. ローリング

生地を台の上に取り出し、上下の端を中央に寄せて両手でつかみ(g)、前後にローリングさせて表面をなめらかにする。生地の向きを90度ずらしてまた上下の端をつかみ、同様にローリングさせる。裏返すと表面がなめらかになっている(h)。

*ローリングの目的は、生地のでこぼこを平らに整えると同時に、グルテンの網目の向きを揃えること。これで生地が均等な厚さにのびやすくなる。

3. 一次発酵

26℃・湿度80%で20〜30分発酵させる。

巻き目に沿った不揃いな大きな気泡がボリュームの指標。かりかり、ざくざくした食感に仕上げるには、ミキシングでグルテンをだしすぎないこと（折り込む段階でも徐々にグルテンがでることを計算に入れる）。グルテンをだしすぎるとボリュームがでて層が薄くなり、ふわっとやわらかな食感になってざくざく感が消える。ただしボリュームを抑えると火通りが悪くなるため、高温で一気にバターの温度を上げるとともに生地内の水分を蒸発させ、中心部の層までつややかな半透明に焼き上げる。クラストが焦げる寸前まで我慢して焼く。

4. のばす

生地を麺棒で1.5cm厚さの正方形にのばす。オーヴンペーパーを敷いた鉄板にのせ、板ごとビニール袋に入れ、冷凍庫(-7℃)で-1℃に冷やす(約6時間)。

5. バターを包む

準備した折り込み用バターを麺棒で叩いて少しやわらかくする。4の生地を一辺の長さがバターの1.5倍の正方形に整え、上にバターをのせる。バターの四辺に接した生地を麺棒で押して筋をつけ、四隅を中央に寄せて包む(i)。対角線上を麺棒で押し、生地の重なりの厚みを均一にならす。さらに全体を縦横に押して生地とバターを密着させる(j)。

＊バターを叩くのは薄くするためではなく、温度を上げずに生地と同程度のやわらかさにするため。バターと生地のかたさが同じなら等しくのび、層がきれいに仕上がる。

6. 三つ折り×3回

生地をリバースシーターで縦横にのばし、一辺40cmの正方形にする。

1回目の三つ折り：リバースシーターで一方向にのみのばして4mm厚さにする。三つ折りにして、表面を麺棒で押さえて生地同士を密着させる。ビニールに包んで冷凍庫で20分冷やす。
2回目の三つ折り：生地の向きを90度ずらして1回目と同様に行い、3時間冷やす。
3回目の三つ折り：また90度ずらして同様に行い(k)、12時間以上冷やす。

＊生地同士を密着させるのは、ずれ防止と縮み防止のため。

7. 成形

3回目の三つ折りでのばした方向から90度ずらして、長辺が80cmになるまでのばす(約6mm厚さ)。長辺を4等分して20cm幅の長方形に切る。ビニールに包んで冷凍庫で休ませた後、それぞれを先ほどのばした方向から向きを90度ずらして3.66mm厚さにのばす。20cm幅の帯状に切り、底辺8cm×高さ20cmの二等辺三角形に切る(l)。1枚約46g。断面に触れたり層をつぶしたりしないように注意して、力を入れずに巻く(m)。巻き終わり(頂点)を下にして天板に並べる。

＊シャープに研いだ包丁を使い、層をつぶさずに1回ですぱっと切る。

8. 最終発酵

27℃・湿度80％で3時間発酵させる(n・o)。

＊発酵の目安は天板をゆすると生地がふるふるとゆれるくらい。

n 発酵前

o 発酵後

9. 焼成

生地表面に溶き卵を塗り、上火260℃・下火220℃で約12分焼く。

＊生地断面には溶き卵をつけないように注意する。卵で層が接着されて膨らまなくなる。
＊高温で一気に火を通して表面を赤褐色に、中心をしっとりと、その外側の層をぱりぱりに焼く。

③イーストでつくるリッチ＆スイートパン

デニッシュ

Danish pastry

　デニッシュは上にのせる素材と組み合わせて初めて完結します。このパンをつくるときに私が意識するのは、生地のひきを抑えて歯切れをよくし、のせる素材とのなじみをよくすること。口の中で両者が一体となり、やさしく喉を落ちていくイメージです。果物の水分は生地を湿らせるため、水分の出やすいものはコンポートやカラメリゼする下処理が欠かせません。高く立体的に盛り付けると、ケーキにも負けないわくわく感が演出できます。

0. 準備	折り込み用バター：24cm角の正方形
1. ミキシング	L4分 こね上げ20℃
2. ローリング	2回
3. 一次発酵	26℃ 80% 20～30分
4. のばす	1.5cm厚の正方形
5. バターを包む	
6. 三つ折り	3回
7. 成形	4mm厚、6.5cm角の変形
8. 最終発酵	27℃ 80% 2時間
9. 焼成	上250℃ 下200℃ 約12分
10. 仕上げ	フルーツやナッツなどを盛る

配合(粉2kg仕込み)

● デトランプ

フランスパン用粉(モンブラン) 100%(2000g)

A
- 塩 1.6%(32g)
- グラニュー糖 8%(160g)
- 生イースト 4%(80g)
- 牛乳 36%(720g)
- 全卵 16%(320g)

無塩バター 5%(100g)

折り込み用無塩バター 70%(1400g)
クレーム・パティシエール(P.201)
クレーム・ダマンド(P.201)
溶き卵

● 仕上げ

バナナ、柿、梨、イチジク、ラズベリー
ブルーベリー、栗の渋皮煮、ピスタチオ
グラニュー糖、粉糖、カラメルソース

0. 準備

折り込み用バター1400gは、粉2kgで仕込む場合は700gずつに分け、クロワッサン(P.68)の0の要領で24cm角の正方形にのばして冷蔵庫(6℃)で20時間ほど冷やす(a)。

＊折り込み作業は粉1kgの単位で行うと効率がよいため、2kg仕込みの場合は折り込み用バターも生地も2分割して作業する。これ以降のバター、生地の重量・サイズはすべて粉1kg仕込みの場合の数値。

1. ミキシング

クロワッサンの1と同様に、粉にデトランプ用バターを混ぜる。ミキサーボウルにAの材料を入れて泡立て器で混ぜる(b)。バター入りの粉を加えて低速で4分こねる。ややぼそぼそした生地になる(c)。こね上げ温度20℃。

＊上に盛る素材との相性を考えて、歯切れをよくするためにここでグルテンをだしすぎない。

2. ローリング

生地を二等分する(粉1kg分ずつに分ける)。クロワッサンの2と同様にローリングしてなめらかにする(d)。

3. 一次発酵

26℃・湿度80%で20～30分発酵させる。

4. のばす

生地を麺棒で1.5cm厚さの四角形にのばす。オーヴンペーパーを敷いた鉄板にのせ(e)、板ごとビニール袋に入れ、冷凍庫(-7℃)で-1℃に冷やす(約6時間)。

5. バターを包む

クロワッサンの5と同様に生地でバターを包む。

6. 三つ折り×3回

クロワッサンの6と同様に三つ折りを3回行う(f)。

7. 成形

3回目の三つ折りでのばした向きから90度ずらし、4mm厚さにのばす。冷凍庫で1時間以上休ませた後、好みの形(ここでは6.5cm角の正方形の角を少し落とした変形)に切り、天板に並べる。

＊円形、正方形、長方形、角を折り返すなど、好みでさまざまな形にアレンジ可能。

8. 最終発酵

27℃・湿度80%で2時間発酵させる。乾いていたら霧を吹く。

9. 焼成

上面にのみ溶き卵を塗り、中央を指でくぼませ、クレーム・パティシエールやクレーム・ダマンドを絞る(g)。
天板を2枚重ねにして上火250℃・下火200℃で約12分焼く。

10. 仕上げ

バナナ：輪切りにしたバナナにグラニュー糖をふってガスバーナーでカラメリゼし、デニッシュの上に盛る。カラメルソースをかけ、ピスタチオのみじん切りを散らす。

栗・柿・梨：栗の渋皮煮、グラッパ入りのシロップで1日マリネした柿、ガスバーナーで焦げ目をつけた梨を盛り合わせ、ピスタチオを添える。

イチジク&ベリー：イチジク、ブルーベリー、ラズベリーを盛り合わせ、粉糖をふる。

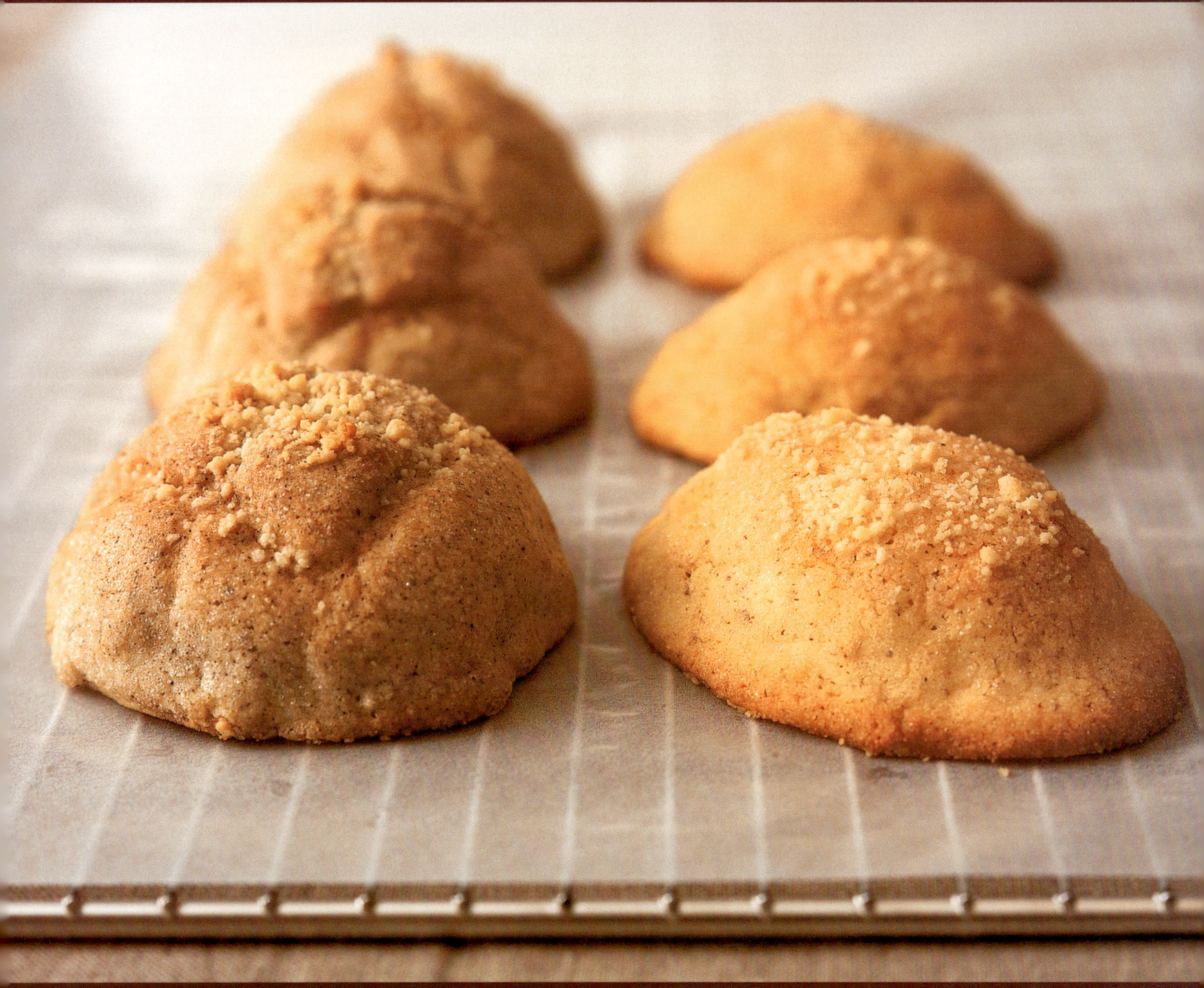

イングリッシュメロンパン

English melon buns

　じつは昔から、メロンパンのぱさつきとイースト臭さに違和感がありました。長年、関心のもてないパンとして片隅に追いやっていたところ、あるときレシピ開発の依頼を受け、このパンに向き合うチャンスがおとずれたのです。メロンパンに否定的だった自分だからこそ、衆人をうなずかせるものがつくれるかもしれない、と一念発起して考案したのがこのレシピです。

　ボディ生地はヘーゼルナッツパウダーを配合したしっとり豊潤なもの。上がけしたクッキー生地はざくっ、ほろほろっと噛むうちにじんわりとろけ、アールグレイが上品に香り立ちます。最後にふりかけるかりかりのシュトゥロイゼルからはバターの風味があふれ出して・・・パーツのひとつひとつに役割をもたせ、それが一体になったときに相乗効果的なおいしさが生まれる、というデザートづくりに似たアプローチです。

　左の写真は、左側がアールグレイ風味、右側はマロングラッセを混ぜ入れたボディ生地にアーモンドプードルのクッキー生地を上がけしたもの。どちらもみなさんがよくご存じの、いわゆるメロンパンとはまったく別のものになっていると思います。

イングリッシュメロンパン

1. 中種	Ⓛ2分+Ⓗ2分 こね上げ22℃ 26℃ 80% 30分→6℃ 12〜24時間
2. シュトゥロイゼルを仕込む	
3. 皮生地を仕込む	−7℃ 12時間以上
4. 皮生地の型抜き	5.5mm厚、直径7cm円形
5. 本ごね	Ⓛ3分+Ⓗ2分→バター⬇Ⓛ2分→Ⓗ2分 こね上げ25℃
6. 一次発酵	26℃ 80% 90分
7. 分割・丸め	40g 丸形
8. 成形	皮生地:4mm厚、円形 ボディ生地:丸形 皮生地でボディ生地を包む
9. 最終発酵	26℃ 60% 3時間
10. 焼成	⬆260℃ ⬇200℃ 約10分

配合（粉2kg仕込み）

●ボディ生地

〈中種〉
強力粉（スリーグッド） 50%（1000g）
A ┌ 塩 0.4%（8g）
　├ グラニュー糖 5%（100g）
　├ 生イースト 1%（20g）
　├ 牛乳 20%（400g）
　└ 水 10%（200g）

〈本ごね〉
中種　左記全量
強力粉（スリーグッド） 20%（400g）
フランスパン用粉（モンブラン） 20%（400g）
ヘーゼルナッツ粉（皮つき） 10%（200g）
B ┌ 塩 1%（20g）
　├ グラニュー糖 20%（400g）
　├ 生イースト 3%（60g）
　├ 全卵 20%（400g）
　├ 生クリーム（乳脂肪分41%） 10%（200g）
　└ 牛乳 4%（80g）
無塩バター 10%（200g）

1. 中種を仕込む

ミキサーボウルにAの材料を入れて泡立て器で混ぜる。粉を加えて低速で2分混ぜ、高速で2分こねる。こね上げ温度22℃。まとめてボウルに入れ(a)、26℃・湿度80%で30分発酵させた後、冷蔵庫(6℃)で12〜24時間発酵させる(b)。

a 発酵前
b 発酵後

2. シュトゥロイゼルを仕込む

バターを室温に置いて23℃にもどし、グラニュー糖を加えて泡立て器でよく混ぜる。薄力粉を加えて練らないように手でさくさく混ぜてそぼろ状にする。5mm角の網でふるい、冷蔵庫に入れておく。

3. 皮生地を仕込む

薄力粉、アールグレイ茶葉、ベーキングパウダーを合わせてふるう。ビーターを装着した製菓用ミキサーでバターをクリーム状になるまで攪拌し、グラニュー糖を混ぜ入れ、全卵を少量ずつ混ぜ入れる。ボウルに移し、ふるった粉を加えて混ぜる(c)。鉄板に約2cm厚さに広げ、冷凍庫(−7℃)で12時間以上冷やす。

＊マロングラッセ入りをつくる場合は、皮を別の配合(P.201)にする。

4. 皮生地の型抜き

3をリバースシーターで5.5mm厚さにのばし、直径7cmの円形抜き型で抜き、鉄板に並べて冷凍庫で3時間以上冷やす。

5. 本ごね

ミキサーボウルにBの材料を入れて泡立て器で混ぜ、1の中種をちぎって加える(d)。粉を加えて低速で3分、高速で2分こねる。バターを握りつぶして加え、低速で2分混ぜ、高速で2分こねる。のびのよい生地になる(e)。こね上げ温度25℃。

＊マロングラッセ入りをつくる場合は、混ぜ上がった生地にマロングラッセを30%加えて低速で1分混ぜる。

6. 一次発酵

5の生地をまとめてボウルに入れ(f)、26℃・湿度80%で90分発酵させる(g)。

f 発酵前
g 発酵後

●皮生地
薄力粉(バイオレット)　90%(1800g)
ベーキングパウダー　1%(20g)
アールグレイ茶葉(粉末*)　2%(40g)
無塩バター　20%(400g)
グラニュー糖　55%(1100g)
全卵　20%(400g)
●シュトゥロイゼル
無塩バター　18%(360g)
グラニュー糖　15%(300g)
薄力粉(バイオレット)　30%(600g)

●仕上げ
グラニュー糖

*茶葉をグラインダーやミルで粉末にしたもの。

7. 分割・丸め

40gに分割して丸める。オーヴンペーパーを敷いた鉄板に並べ(h)、26℃・湿度80%で30分休ませる。
＊マロングラッセ入りは30gに分割して丸める。

8. 成形

4の皮生地を麺棒で4mm厚さの円形にのばす。
7のボディ生地を丸め直し、皮で7割方包む(i)。皮にグラニュー糖をつけ(j)、ゴムべらで格子模様に筋を入れる(k左)。オーヴンシートを敷いた天板に並べる。
＊マロングラッセ入りはクッペ形に成形して、楕円形にのばした皮で7割方覆う(l・k右)。

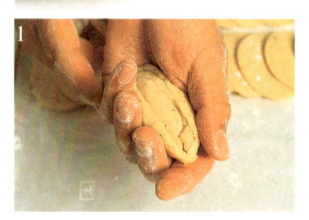

9. 最終発酵

26℃・湿度60%で3時間発酵させる。
＊湿度がこれ以上高いと皮の表面が溶けてつるんとした質感になってしまう。

10. 焼成

2のシュトゥロイゼルをのせ(m)、上火260℃・下火200℃で約10分焼く。

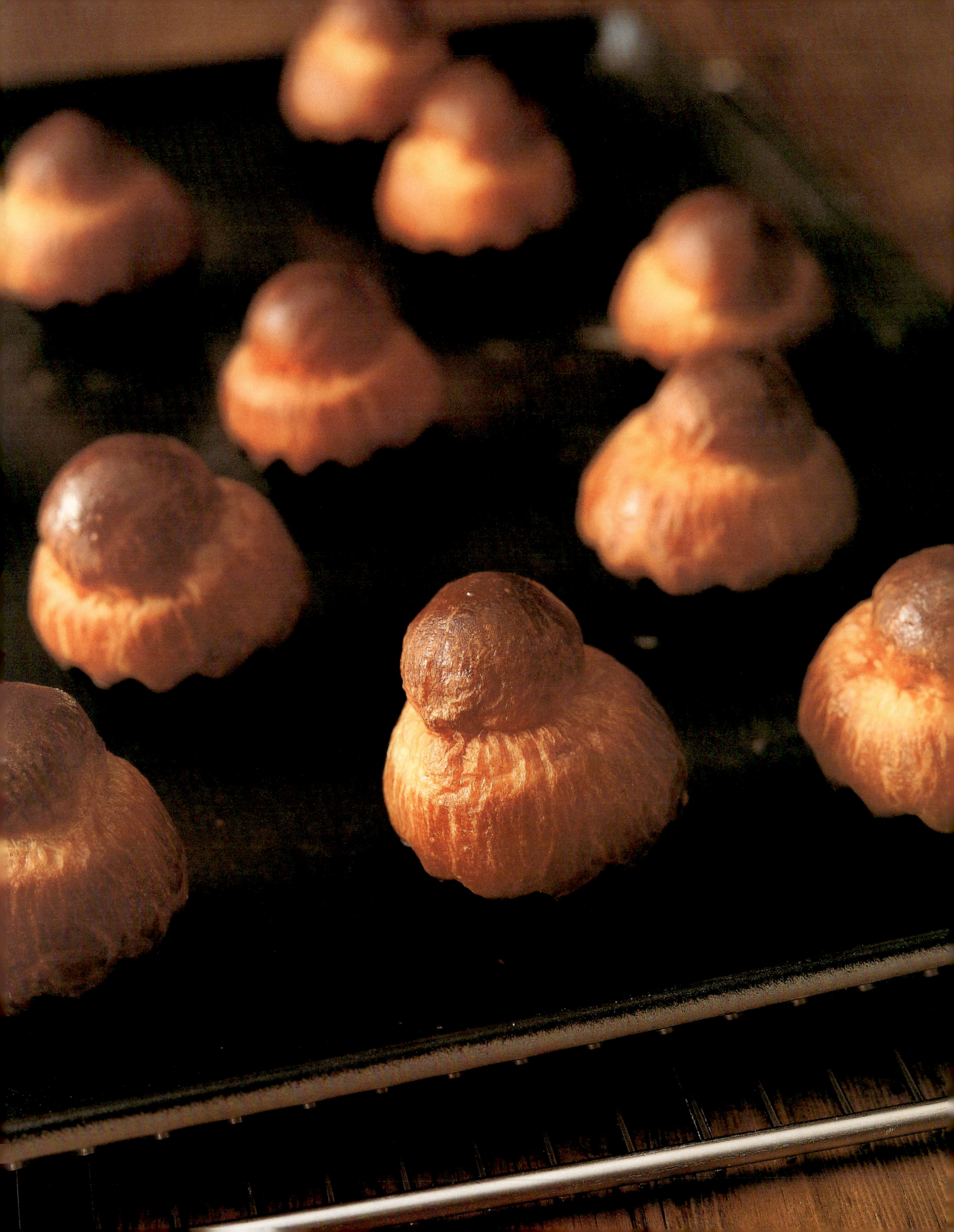

ブリオッシュ

Brioches

　ブリオッシュはソフトでありながら、同時に生地組織の確かさが求められる、なかなか手強いパンです。私自身、自分のブリオッシュにはさまざまな条件を課しています。たとえば、クラムはみじんもぱさつきがなく、しっとりとしていながらコシと弾力があり、舌の上で甘くとろけてバターが濃厚に香り、卵臭さが抜けていること。クラストは厚めで香ばしい甘みがあり、次の日になってもしぼんだりしわになったりしないこと。トータルな印象として味が濃く、十分な余韻が残ること。

　こうした条件を実現するために、まずイーストの量を控えます。量が増えるほど生地のぱさつきが増すからです。生クリームをたっぷり配合するのは、なめらかなタッチを追求したいから。小麦粉は吸水性のよさと風味の濃さを基準に選び、オートリーズ法を採ることで窯のびをよくし、小麦のうまみを十分に引き出します。食べたときに軽いと感じさせる必要がありますが、必要以上にボリュームをだすと、すかすかして味わいまで薄まってしまうため、ミキシングは決してこねすぎず、過剰な発酵は避けます。かといって、詰まりすぎると口溶けが悪くなり、べたっと重いだけのパンになってしまいますから、状態を見極める注意力と経験が必要です。そして焼成では迷わずよく焼いてください。中途半端な火入れでは卵臭さが抜けないし、クラストの香ばしさもよく焼いてこそです。

ブリオッシュ

1. 中種	ⓛ4分 こね上げ22℃〜23℃ 26℃ 80% 1時間→6℃ 20〜24時間
2. オートリーズ	ⓛ3分→バター⬇︎2分 こね上げ23℃ 6℃ 12〜24時間
3. 本ごね	ⓛ3分+ⓗ5分→バター½ⓛ2分 →バター½ⓛ2分→ⓗ2分 こね上げ23℃
4. 一次発酵	26℃ 80% 1時間30分〜2時間
5. 分割・丸め	32g 丸形
6. 成形	雪だるま形 ブリオッシュ型(直径6cm)
7. 冷却	−6℃ 3〜12時間
8. 最終発酵	27℃ 80% 3時間
9. 焼成	ⓤ255℃ⓓ230℃ 約8分

配合(粉2kg仕込み)

●中種
強力粉(ペチカ) 20%(400g)
A ┌ 塩 0.5%(10g)
  │ 生イースト 0.5%(10g)
  └ 生クリーム(乳脂肪分41%) 18%(360g)

●オートリーズ
強力粉(スリーグッド) 80%(1600g)
B ┌ グラニュー糖 12%(240g)
  │ 卵黄 30%(600g)
  └ 牛乳 30%(600g)
無塩バター 20%(400g)

●本ごね
中種 左記全量
オートリーズ生地 左記全量
C ┌ 塩 1.5%(30g)
  │ 生イースト 2%(40g)
  └ 牛乳 6%(120g)
無塩バター 40%(800g)

溶き卵

1. 中種を仕込む

ミキサーボウルにAの材料を入れて泡立て器で混ぜる(a)。粉を加えて低速で4分こねる(b:こね上がり)。こね上げ温度22〜23℃。

丸く形をまとめてボウルに入れ(c)、26℃・湿度80%で1時間発酵させ、冷蔵庫(6℃)で20〜24時間発酵させる(d:内部には発酵により気泡が入る)。

2. オートリーズ

ミキサーボウルにBの材料を入れ、泡立て器で混ぜる(e)。粉を加えて低速で3分こねる。バターを握りつぶして加え(f)、低速で2分混ぜる。生地はまとまりがなくてよい(g)。こね上げ温度23℃。

軽くまとめて少しつぶしてボウルに入れ、ビニール袋に入れて冷蔵庫(6℃)で12〜24時間発酵させる。

＊オートリーズによって熟成が進み、窯のびもよくなる。また本ごねのミキシング時間も短縮できる。

3. 本ごね

ミキサーボウルにCの材料を入れて泡立て器で混ぜる。1の中種と2のオートリーズ生地をちぎって加え(h)、低速で3分こねる。付着した生地を掻き落として高速で5分こねる。バターの半量を握りつぶして加え(i)、低速で2分混ぜ、残りのバターを同様に加えて低速で2分混ぜる。バターが完全に混ざったら、高速で2分こねる。なめらかでつやがあり、引っ張ると底からはがれるほど弾力の強い生地になる(j)。こね上げ温度23℃。

＊バターを加える前にグルテンをだす。バターはグルテンの形成を阻害するため、配合が多い場合は2回に分けて加えてグルテン組織へのダメージを軽減する。

＊こね上げの目安は、生地を薄くのばして破れたときの穴の縁が、ぎざぎざにならずになめらかな線になるくらい。

4. 一次発酵

内側に空気を抱き込ませるようにまとめて生地箱に入れ、26℃・湿度80%で1時間30分〜2時間発酵させる。

クラストはクラムの水分を保護する意味でも風味の面でも、厚めが望ましい。焦げる手前まで十分に火を通して焼き固め、しぼみやしわを防ぐ。相当量配合した油脂分を支えるだけのグルテン組織は必要だが、かといって完全にグルテンをだしきるとボリュームがですぎてすかすかになる。細かい気泡の間にところどころ粗いものが混じるクラムは、ソフトななかにも適度な噛みごたえが残るテクスチャーの指標。

5. 分割・丸め

生地を鉄板にあけ(k)、表面に手粉をふって手で薄く広げる。扱いやすくするために冷凍庫(-6℃)で約3時間締める。
取り出して32gに分割し(l)、手早く、ゆるく丸める(m左)。冷凍庫でいったん締めた後、丸め直し(m右)、また冷凍庫で締める。

＊こまめに冷やしながら作業しないと、手のぬくもりでバターが溶け出してしまう。

6. 成形2

手粉をふって、手刀を当てて前後に転がし、雪だるまの首がのびたような形にする(n)。頭部を上にしてブリオッシュ型(直径6cm)に入れ、頭部の付け根を指で底まで押し込んで(o)、頭部を中央に据える(p)。

7. 冷却

冷凍庫(-6℃)で3〜12時間冷やす。

8. 最終発酵

18℃・湿度80%で2時間かけて解凍し、27℃・湿度80%で3時間発酵させる。

＊冷却した生地をいきなり27℃で発酵させると、焼成中に頭が横に倒れてしまう。

9. 焼成

溶き卵を塗り(q)、2枚重ねにした天板に並べる。上火255℃・下火230℃で約8分焼く。焼き上がったらすぐに型から出す。

◎ブリオッシュ ナンテール

角型で焼くブリオッシュをナンテール(ナント風)と呼ぶ。

分割：250g

丸め・成形：角型の長さに合った平らな四角形に整え、手前からくるくると2回巻く(左記5と同様に冷やしながら2回に分けて丸める：m左奥が1回目、m右奥が2回目)。とじ目を下にして角型(20×7×高さ8cm)に入れ、7・8と同様に行う。

焼成：上火210℃・下火200℃で約30分焼き、ナパージュを塗って仕上げる。

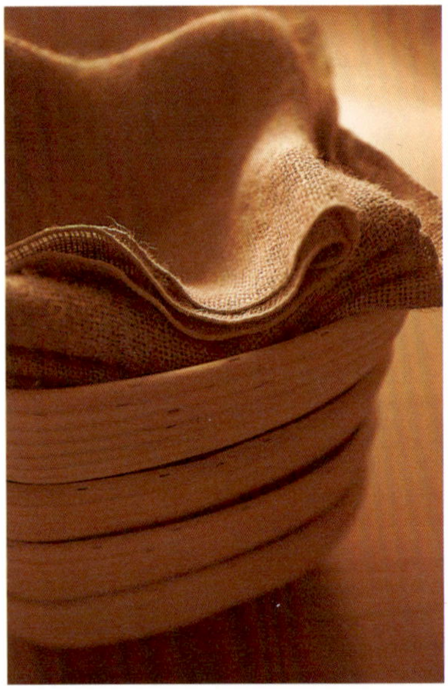

④

老麺でつくるパン

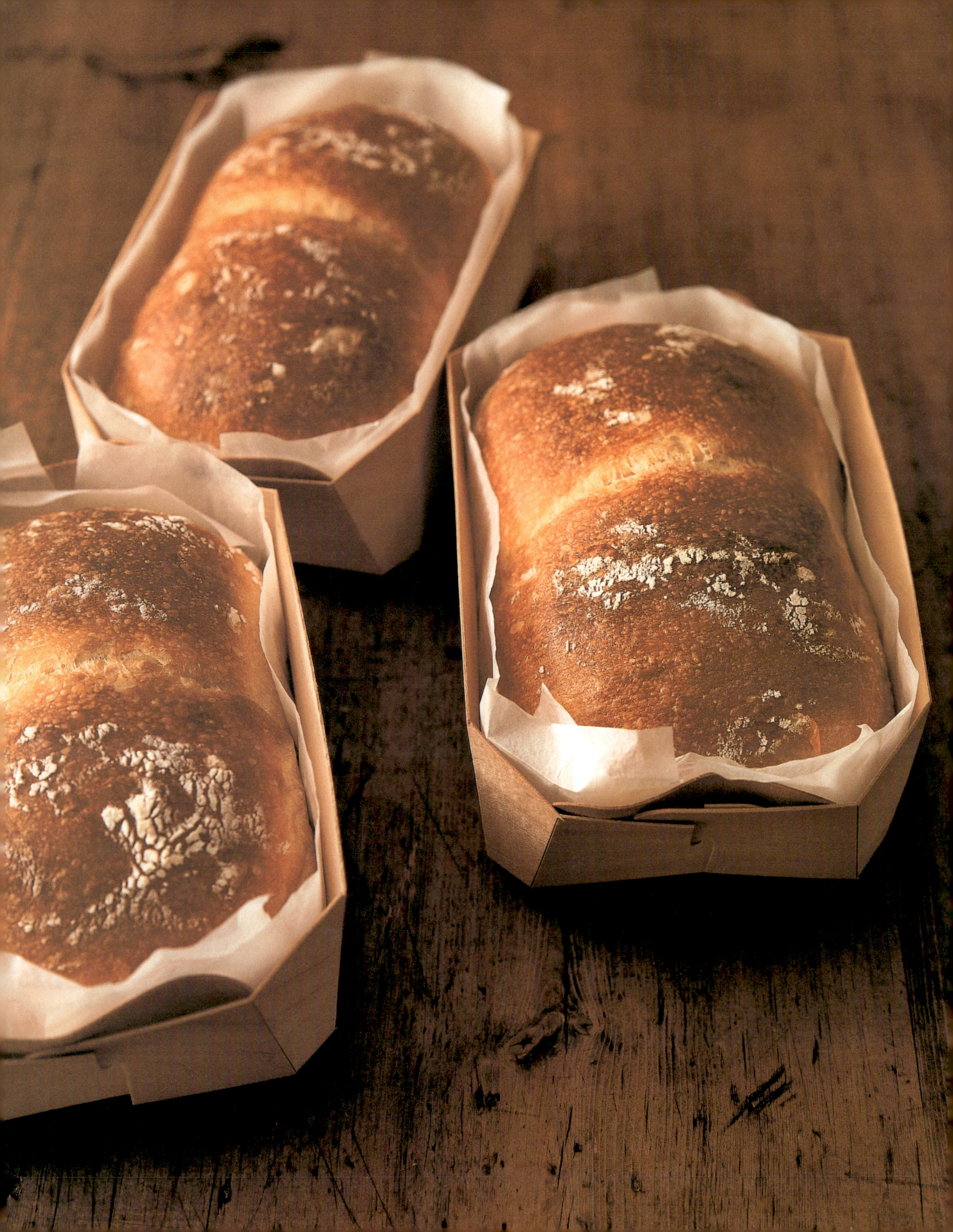

エーデル

Edelbrot

　私の理想の食パンは白米のご飯に通じています。やわらかいながらもお米を食べるときのように噛みしめて味わえる、もちっとした食感がほしいのです。焼成後の生地体積がこね上げ時の4〜5倍にもなるようなふわふわした食パンでは、あまりに歯ごたえがなく、小麦のうまみを感じていただくことはできません。
　食パンはかくあるべしという既存の通念をすべて取り払い、自由に創造したのがこのパンです。型を変えただけで見た目の印象もまったく変わります。なで肩のおっとりした姿が新鮮でしょう？　発酵種にもさまざまな選択肢がありましたが、イースト由来の安定感をもちつつも、熟成物特有の甘みとわずかな酸味のある老麺を選びました。低温で15時間かけて発酵させると小麦のうまみと相俟って、じつに穏やかな甘みが生まれます。ご飯を思わせるようなやさしくみずみずしい食パンをつくるには、うってつけの発酵種なのです。
　やわらかさのなかにもちっとした噛みごたえを残すには、ミキシングで完全に生地をつくらず、手作業で表面のグルテンだけを張らせるひと手間が欠かせません。この手法は師匠の福田元吉氏から受け継いだもので、私の大切な財産です。ひと手間をかけることで丁寧に引き出したおいしさが、日々の食卓に潤いをもたらすと信じています。

エーデル

1. ミキシング	L5分＋H30秒→バター↓L2分→H30秒 こね上げ20℃
2. ボリュームアップ	三つ折り×2回
3. 低温長時間発酵	21℃ 80% 15時間 pH6.2（18℃ 80% 18時間）
4. 分割・丸め	200g×2個 丸形
5. 成形	丸形×2個 経木のパニエ（20×13×高さ6cm）
6. 最終発酵	27℃ 80% 3時間
7. 焼成	上218℃ 下200℃ 約27分 蒸気：窯入れ後

配合（粉3kg仕込み）

強力粉（スリーグッド）　90%（2700g）
フランスパン用粉（モンブラン）　10%（300g）
塩　2%（60g）
グラニュー糖　4%（120g）
モルト液＊　0.8%（24g）
老麺　5%（150g）
水　約68%（約2040g）
無塩バター　5%（150g）

＊原液を同量の水（分量外）で溶いたもの。

1. ミキシング

ミキサーボウルに水、塩、グラニュー糖、モルト液を入れ、泡立て器で混ぜる（a）。粉を加え（b）、老麺を小さくちぎって加えながら低速で5分こねる（c）。途中で一度、周囲についた生地を掻き落とす。高速で30秒こね、バターを握りつぶして加え（d）、低速で2分混ぜる。バターが混ざれば高速で30秒こねる。のびのよい、なめらかな生地になる（e）。

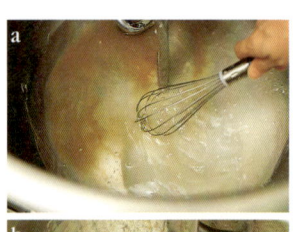

こね上げ温度20℃。生地を生地箱に入れ、26℃・湿度80%で10分休ませる。

＊ミキシング時間をさらに長くすればグルテンはもっとでるが、ここでグルテンを完全にだしてしまうと、ボリュームがですぎて、ふわふわした噛みごたえのないパンになってしまう。あえて、次の工程でボリュームを手で調整する余地を残しておく。

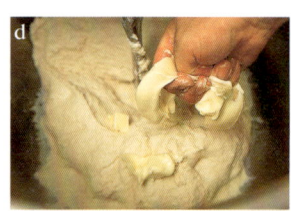

2. ボリュームアップ

手粉をふって生地を台にあけ、三つ折りを2回行う。四隅を引っ張って四角形にし（f）、左右からごく軽く引っ張りながら1/3ずつ折りたたみ、下、上からも同様に1/3ずつたたむ（g）。

＊三つ折りを2回くり返すことで上方向へのボリュームがでる。ボリュームは、たたむときの引っ張り加減で決まる。ぐいっと力強く引っ張りながらたためばよりボリュームがでて、ふんわりした食感になる。ここでは少し噛みごたえのあるもっちり感をだしたいので、弱めの力で行う。

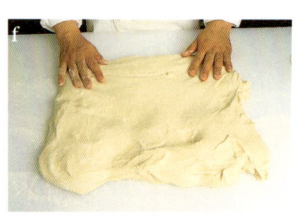

3. 低温長時間発酵

たたみ終わりを下にして生地箱に入れ（h）、21℃・湿度80%で15時間発酵させる（i）。発酵後pH6.2。発酵の目安は、箱を軽くゆすると気泡が少し浮いてくるぐらい。

＊18℃・湿度80%で18時間発酵させてもよい。

h 発酵前

i 発酵後

食パンは上へのボリュームアップが必須という既存のスタイルを度外視して生地を仕上げ、底面積の広い浅い型で焼くと、気泡が横にのびたクラムができる。上にボリュームアップさせなかった分、もちっとした歯ごたえが残り、味わいも濃くなる。経木のパニエは金属製型にくらべて熱伝導がよくないため、クラストが形成されにくく、上面以外は焼き色も厚みも薄い。クラムを保護する力が弱いため、その分、賞味期限は短い。

4. 分割・丸め

手粉をたっぷりふって生地を台にあける。グルテンの網目組織が細かく形成されている(j)。200gに分割し、生地内部のガスを抜かないようにやさしく、でも表面をしっかり張らせて丸める(k)。裏のとじ目がしっかりくっついていることが大切(l)。室温(23℃)で40〜60分休ませる。

＊休ませる時間が長いため、その間にゆるまないように表面を張らせてとじ目をしっかりくっつけておく。

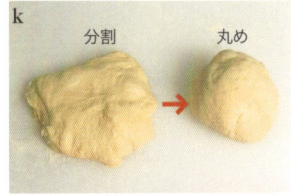

5. 成形

4の丸めと同じ要領で表面を張らせて丸め直す。とじ目を下にして、オーヴンペーパーを敷いたパニエ(経木のかご：20×13×高さ6cm)に2個ずつ入れる(m)。

6. 最終発酵

27℃・湿度80%で3時間発酵させる(n)。

＊温度よりも3時間という長さが大切。発酵の進みが早ければ、温度を1℃下げて調整する。発酵させすぎると酸味がでてしまう。

7. 焼成

スリップピールに並べる。上火218℃・下火200℃で、窯入れ後に蒸気を入れ、約27分焼く。パニエに入れたまま販売する。

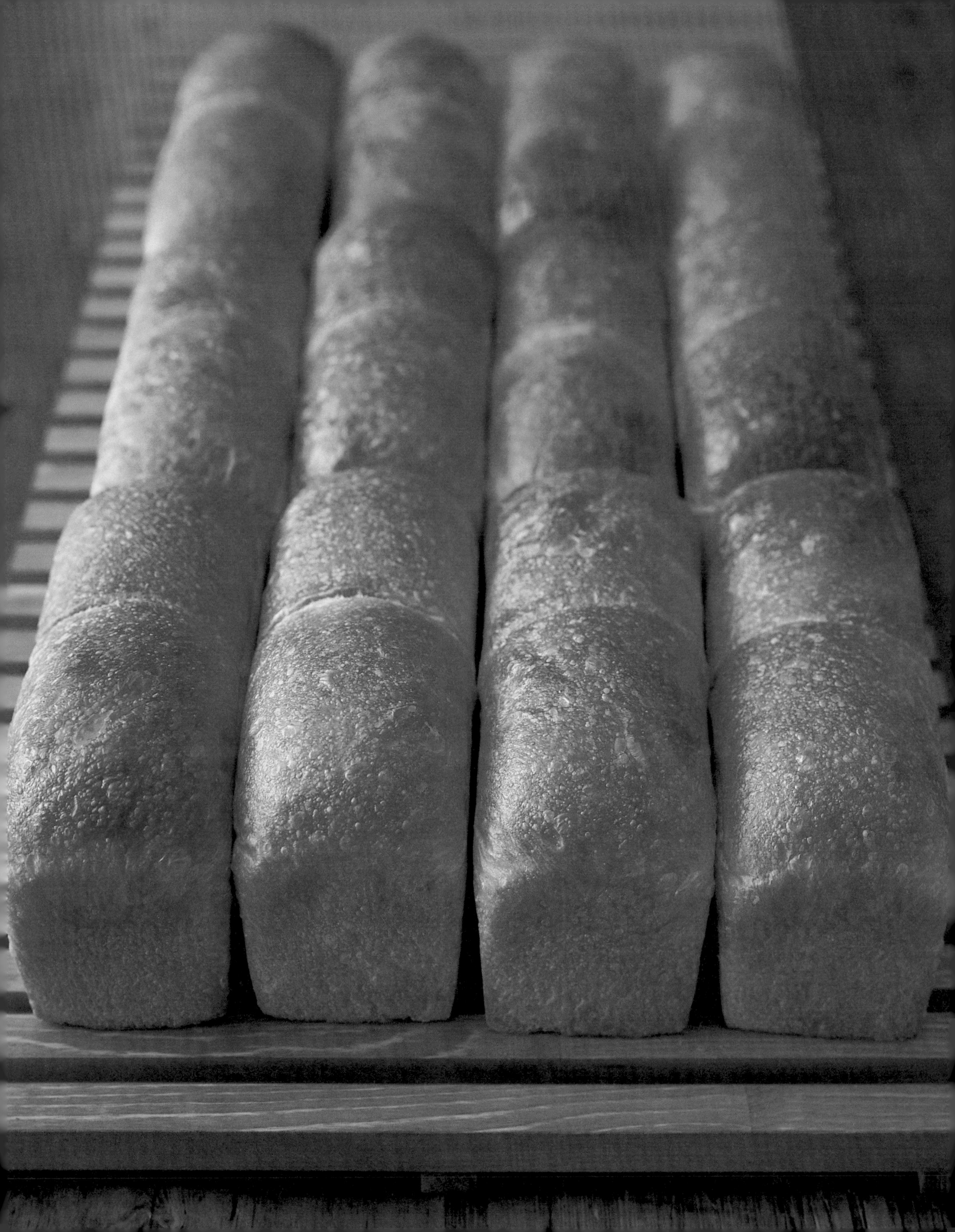

ヴァイツェン

Weizenbrot

　ドイツでクワルクというフレッシュチーズを配合したパンを食べたことがあります。クワルクの脂肪分と酸味がソフトな生地にしっくり重なって、じつに穏やかなパンに仕上がっていました。そのときの記憶から、食パンにヨーグルトを配合することを思いつきました。

　子どもやお年寄りでも無理なく食べられるよう、ひきの弱い、やわらかな食感に仕上げましたが、食感が軽くなると味わいまで薄まってしまいがちです。その物足りなさをヨーグルトの酸味ときび砂糖のコクで補い、噛むたびにおいしさがにじみ出すように工夫しました。トーストしなくてもおいしく、サンドイッチにも最適です。

ヴァイツェン

1. ミキシング	L5分＋H30秒→バター↓L2分→H30秒 こね上げ20℃
2. ボリュームアップ	三つ折り×2回
3. 低温長時間発酵	21℃ 80% 15時間 (18℃ 80% 18時間) pH6.1 膨倍率約2倍
4. 分割・丸め	200g 丸形×2個
5. 成形	丸形×2個 角型(20×8×高さ8cm)
6. 最終発酵	27℃ 80% 3時間
7. 焼成	上218℃ 下200℃ 約30分 蒸気：窯入れ後

配合(粉3kg仕込み)

強力粉(スリーグッド) 70%(2100g)
フランスパン用粉(モンブラン) 20%(600g)
フランス産小麦粉(タイプ65) 10%(300g)
塩 2%(60g)
きび砂糖 4%(120g)
モルト液* 1%(30g)
老麺 5%(150g)
ヨーグルト(プレーン) 8%(240g)
水 約58%(約1740g)
無塩バター 10%(300g)

＊原液を同量の水(分量外)で溶かしたもの。

1. ミキシング

ミキサーボウルに水、塩、きび砂糖、モルト液、ヨーグルトを入れ、泡立て器で混ぜる(a)。粉を加え(b)、老麺を小さくちぎって加えながら低速で5分こねる(c)。途中で一度付着した生地を掻き落とす。高速で30秒こね、バターを握りつぶして加えて(d)低速で2分混ぜる。バターが混ざったら高速で30秒こねる。グルテンが程よくでた生地になる(e)。こね上げ温度20℃。生地を生地箱に入れ、26℃・湿度80%で10分休ませる。

＊ミキシング時間をさらに長くすればグルテンはもっとでるが、ここでグルテンを完全にだしてしまうと、ボリュームがですぎて、ふわふわした噛みごたえのないパンになってしまう。あえて、次の工程でボリュームを手で調整する余地を残しておく。

2. ボリュームアップ

手粉をふって生地を台にあけ、三つ折りを2回行う。四隅を引っ張って四角形にし(f)、左右から軽く引っ張りながら1/3ずつ折りたたみ、下、上からも同様に1/3ずつたたむ(g)。

＊三つ折りを2回くり返すことで上方向へのボリュームがでる。たたむときの引っ張り加減でボリュームが決まる。ぐいっと力強く引っ張りながらたためばよりボリュームがでて、ふんわりした食感になる。ここでは少し噛みごたえのあるもっちり感をだしたいので、弱めの力で行う。

3. 低温長時間発酵

たたみ終わりを下にして生地箱に入れ、21℃・湿度80%で15時間発酵させる。発酵後pH6.1。膨倍率約2倍(h)。

＊18℃・湿度80%で18時間発酵させてもよい。

ヨーグルトとバターの乳脂肪分がクラムをやわらかくする。しっとり繊細なクラムに厚くかたいクラストでは風味も食感もつり合わないため、薄めのやさしいクラストに焼き上げる。ミキシングで完全に生地をつくればもっとボリュームがでるが、ほどほどに抑えて噛んでコクが味わえる程度の密度を残す。

4. 分割・丸め

手粉をふって生地を台にあける。グルテンの網目組織が形成されている(i)。200gに分割し、生地内部のガスを抜かないようにやさしく、でも表面はしっかり張らせて丸める(j)。裏のとじ目がしっかりくっついていることが大切(k)。室温(23℃)で40〜60分休ませる。

＊休ませる時間が長いため、その間にゆるまないように、表面を張らせてとじ目をしっかりくっつけておく。

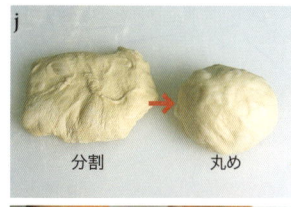

5. 成形

4の丸めと同じ要領で表面を張らせて丸め直し、とじ目を下にして角型(20×8×高さ8cm)に2個ずつ入れる(l)。

6. 最終発酵

27℃・湿度80%で3時間発酵させる(m)。

＊温度よりも3時間という長さが大切。発酵の進みが早ければ、温度を1℃下げて調整する。発酵させすぎると酸味が強くなってしまう。

7. 焼成

スリップピールに並べる。上火218℃・下火200℃で、窯入れ後に蒸気を入れ、約30分焼く。焼き上がったらすぐに型から出す。

＊蒸気の量の目安は、型にうっすら水滴がつく程度。

ポワブル エ ノア

Poivre et noix

　料理を引き立てつつ自らの存在感を放ち、料理に組み合わせる意義の感じられるもの。そんな配合を追求した末に行き着いたのがこのパンです。特徴は、保湿性に優れるマッシュポテトを配合していること。これによりクラムは口溶けがよくなり、クラストは薄く軽やかに焼き上がり、ポワブルロゼとグリーンペッパーのさわやかな刺激とカシューナッツの甘みが、コクのある生地にリズムを与えて心地よく響きます。生イーストを併用すると発酵力が強まり、発酵時間を短縮させることができます。1日に何度も焼き上げたい製パン店向きのレシピです。

0. 準備	ポワブルロゼ、グリーンペッパーの下処理
1. ミキシング	L3分→ラード↓L2分→副材料↓L2分→H1分30秒 こね上げ23℃
2. 一次発酵	27℃ 80% 2時間
3. ボリュームアップ	三つ折り×2回
4. 分割	75g 丸形
5. 成形	丸形
6. 最終発酵	27℃ 80% 30分
7. 焼成	上250℃ 下210℃ 約25分 蒸気:窯入れ後

配合(粉1kg仕込み)

フランスパン用粉(リスドオル)　70%(700g)
麺用粉(麺許皆伝)　17%(170g)
小麦全粒粉(シュタインマーレン)　13%(130g)

A ┌ 塩　1.9%(19g)
　├ グラニュー糖　1%(10g)
　├ モルト液*1　0.6%(6g)
　├ マッシュポテト*2　10%(100g)
　├ 牛乳　10%(100g)
　├ 水　約58.5%(約585g)
　└ 生イースト　1%(10g)

老麺　10%(100g)
ラード　2%(20g)

ポワブルロゼ　0.5%(5g)
グリーンペッパーの水煮　1%(10g)
カシューナッツ(ローストしたもの)　30%(300g)

*1　原液を同量の水(分量外)で溶いたもの。
*2　皮をむいたじゃがいもをゆで、なめらかになるまでフードプロセッサーでつぶし、完全に冷ましたもの。マッシュポテトは生地の保湿性を高めるためのもっとも効果的な材料。10%程度なら風味にまったく影響はない。

0. 準備

ポワブルロゼは熱湯に5分浸けてふやかし、水切りした後に計量する。グリーンペッパーの水煮も水気を切って計量する。

1. ミキシング

ミキサーボウルにAの材料を入れて泡立て器で混ぜる(a)。粉を加え、老麺を小さくちぎって加えながら低速で3分こねる。ラードを生地表面になすりつけて入れ(b)、低速で2分混ぜる。準備したポワブルロゼ、グリーンペッパー、カシューナッツを加え(c)、低速で2分混ぜ、高速で1分30秒こねる。べっとりした生地になる(d)。こね上げ温度23℃。

2. 一次発酵

軽くまとめて生地箱に入れ、27℃・湿度80%で2時間発酵させる。

3. ボリュームアップ

手粉をふって生地を台にあける。グルテンの網目組織が程よく形成されている(e)。
三つ折りを2回行う。四隅を引っ張って四角形に整え、左右から1/3ずつ折りたたみ、下、上からも1/3ずつたたむ(f)。たたみ終わりを下にして生地箱に入れ、26℃・湿度80%で30分休ませる。

4. 分割

再び台にあけ、75gに分割し(g)、軽く丸める(h)。26℃・湿度80%で20分休ませる。

*20分より長く休ませると酸味がでてしまう。

5. 成形

丸め直す。とじ目を下にして、キャンバス地にひだで仕切って並べる(i)。

6. 最終発酵

27℃・湿度80%で30分発酵させる。

7. 焼成

生地表面に茶漉しで薄く粉をふり、スリップピールに移し、クープを2本入れる(j)。
上火250℃・下火210℃で、窯入れ後に蒸気を多めに入れ、約25分焼く。

セザム エ パタート

Sésame et patate

　古くから日本人に愛されてきたさつまいもとごまの組み合わせ。ほくほくした焼きいもと香ばしい煎りごまをたっぷり混ぜ入れた、しっとりやわらかめのパンです。おやつにもなり、料理にもよく合う、和の食卓にしっくりなじむ懐の深さ。1日に何度も焼き上げたい製パン店向きに、生イーストを併用して発酵力を強め、発酵時間を短縮させました。イーストを使わずに老麺だけで低温長時間発酵させると、さらにしっとりとした仕上がりになります。

0. 準備	焼きいも：さつまいもを200℃のオーブンで焼く
1. ミキシング	L3分＋H2分→バター↓L4分→H2分 →副材料↓L約1分　こね上げ23℃
2. 一次発酵	27℃ 80% 2時間
3. ボリュームアップ	三つ折り×1回
4. 分割・成形	300g クッペ形
5. 最終発酵	27℃ 80% 30分
6. 焼成	上240℃下200℃ 約25分 蒸気：窯入れ前後

配合(粉1kg仕込み)

フランスパン用粉(リスドオル)	75%(750g)
強力粉(オーション)	20%(200g)
小麦全粒粉(シュタインマーレン)	5%(50g)
A 塩	2%(20g)
グラニュー糖	3%(30g)
モルト液*	0.6%(6g)
全卵	6%(60g)
水	約67%(約670g)
生イースト	1%(10g)
老麺	10%(100g)
無塩バター	10%(100g)
焼きいも	80%(800g)
煎り黒ごま	20%(200g)

●仕上げ
白ごま

*原液を同量の水(分量外)で溶いたもの。

0. 準備

焼きいもをつくる。さつまいもは皮をよく洗い、サラダ油を塗ってアルミホイルに包み、200℃のオーブンで八分通り火を通す(a)。完全に冷めたら皮付きのまま1.5cmの角切りにする。
＊完全に火を通すとミキシング時に形が崩れて生地に溶け込んでしまう。

1. ミキシング

ミキサーボウルにAの材料を入れて泡立て器で混ぜる。粉を加え、老麺を小さくちぎって加えながら低速で3分、高速で2分こねる。バターを握りつぶして加え、低速で4分混ぜる。バターが混ざったら高速で2分こねる。黒ごまと準備した焼きいもを加え(b)、低速で具が混ざるまでこねる(約1分)。粘りのない生地になる(c)。こね上げ温度23℃。

2. 一次発酵

生地を生地箱に入れ、27℃・湿度80%で2時間発酵させる。

3. ボリュームアップ

手粉をふって生地を台にあけ、四隅を引っ張って四角形に整え、左右から1/3ずつ折りたたむ。たたみ終わりを下にして生地箱に戻し、26℃・湿度80%で20分で休ませる。

4. 分割・成形

再び台にあけ、300gに分割する。クッペ形に成形し、水で湿らせたキッチンペーパーの上を転がして表面を湿らせ、白ごまをびっしりつける(d)。とじ目を下にして、キャンバス地にひだで仕切って並べる。

5. 最終発酵

27℃・湿度80%で30分発酵させる。

6. 焼成

クープを斜めに4本入れ(e)、スリップピールに移す。
上火240℃・下火200℃で、蒸気は窯入れ前に少々、窯入れ後に多めに入れ、約25分焼く。

◎焼きいもを見せて仕上げる

分割：400g
成形：円柱形に整えて4と同じ要領で白ごまをびっしりつけ、包丁で6等分の輪切りにする。
最終発酵：断面をひだ側に向けてキャンバス地に並べ、5と同条件で発酵させる。
焼成：6と同条件で約20分焼く。

イタリエンヌ

A l'italienne

　トマト風味の、バゲットに近いハードな食感のこのパンは、油分の多い料理に合わせたときに真価を発揮します。同じくトマトをテーマにした60ページのパンとは生地組織の成り立ちが違い、食感も風味も大きく変わります。このパンにはセモリナ粉を50％も配合しました。セモリナ粉は、原料の小麦がパン用小麦とは種類が異なるうえ、パスタ用に製粉されているため、独特のくせがあります。各工程でベストのタイミングを見計らえるようになるには、少々経験を要します。なお、インスタントドライイーストを併用したのは、発酵力を強くして発酵時間を短縮させるため。1日に何度も焼き上げたい製パン店向きのレシピです。

0. 準備	セミドライトマトの油漬けの下処理
1. ミキシング	⊥3分→副材料⊥5分 こね上げ23℃
2. 一次発酵	26℃ 80% 2時間
3. ボリュームアップ	三つ折り×1回
4. 分割・丸め	55g 丸形
5. 成形	丸形
6. 最終発酵	27℃ 80% 40分
7. 焼成	上230℃ 下200℃ 約15〜16分 蒸気：窯入れ前後

配合(粉1kg仕込み)

セモリナ粉　50%(500g)
フランスパン用粉(リスドオル)　30%(300g)
強力粉(オーション)　20%(200g)
A ┌ 塩　1.8%(18g)
　 │ グラニュー糖　2%(20g)
　 │ モルト液*　0.4%(4g)
　 │ トマトピューレ　10%(100g)
　 │ EVオリーブ油　10%(100g)
　 └ 水　約52%(約520g)
インスタントドライイースト(サフ)　0.5%(5g)
老麺　10%(100g)

セミドライトマトの油漬け　10%(100g)
バジル(フレッシュ)　0.5%(5g)

*原液を同量の水(分量外)で溶かしたもの。

0. 準備

セミドライトマトの油漬けは、セミドライトマトを各種ハーブやにんにくとともにオリーブ油に漬けたもの。これをキッチンペーパーにのせて油をよく切り、1cm角に切る。

1. ミキシング

粉にあらかじめインスタントドライイーストを加えて手で混ぜておく。ミキサーボウルにAの材料を入れて泡立て器で混ぜる。イースト入りの粉を加え(a)、老麺を小さくちぎって加えながら低速で3分こねる。準備したセミドライトマトとバジルを加え(b)、低速で5分こねる。トマトとバジルがすっかり生地に混ざり、程よくのび、べたつく生地になる(c)。こね上げ温度23℃。

2. 一次発酵

生地をまとめて生地箱に入れ、26℃・湿度80%で2時間発酵させる。

3. ボリュームアップ

手粉をふって生地を台にあけ、四隅を引っ張って四角形に整え、左右から1/3ずつ折りたたむ。たたみ終わりを下にして生地箱に戻し、26℃・湿度80%で15分休ませる。

4. 分割・丸め

再び生地を台にあけ、55gに分割し、表面だけを張らせて、力を入れずにふわっと丸める。26℃・湿度80%で20分休ませる。

5. 成形

4と同じ要領で丸め直す。とじ目を下にして、キャンバス地にひだで仕切って並べる。

6. 最終発酵

27℃・湿度80%で40分発酵させる。

7. 焼成

生地の頭にハサミでちょんと切り目を入れ(d)、スリップピールに移す。
上火230℃・下火200℃で、蒸気は窯入れ前に少々、窯入れ後はその倍ほど入れ、約15〜16分焼く。

*この生地は糖分を含むうえ、丸形ゆえに窯床に接する面積が小さく、底が焦げやすい。だから下火は弱めにする。
*蒸気の量が多すぎると火ぶくれができてしまう。

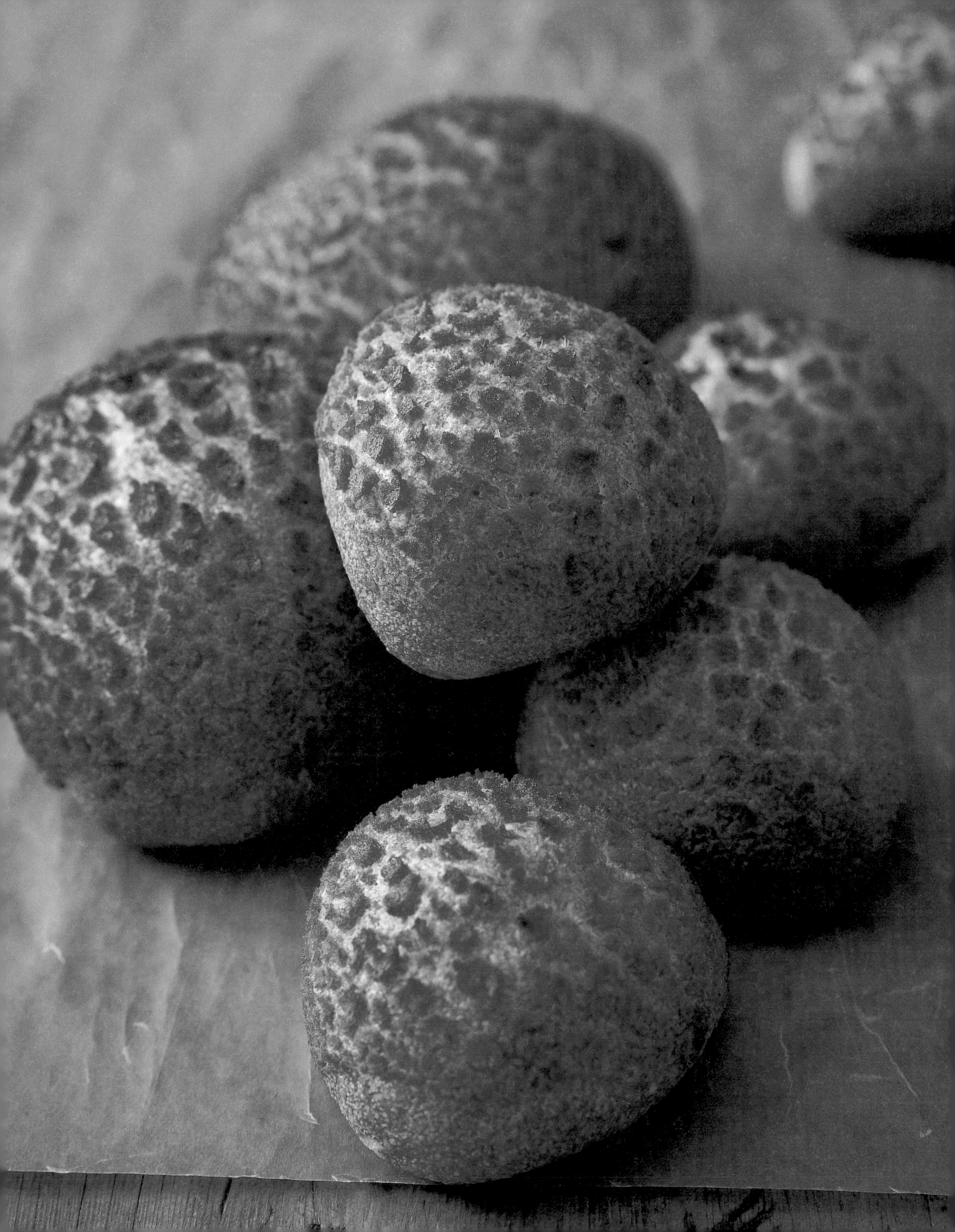

ビアブロート

Bierbrot

　ドイツを意識したビールのパンをつくろうとこのレシピを考えました。ビールを使うなら、黒色のインパクトと甘苦い香ばしさをもつ黒ビール。ここでは入手しやすいギネスを使いましたが、ドイツにも伝統的なシュバルツビアーがあります。焼くと苦みはおおかた消え、独特の甘い風味が際立ってきます。

　表面にへばりついたヒョウ柄模様のちりちりした存在はいったい何だろうと思うことでしょう。これはオランダのパンによく見られる上がけ。上新粉の生地をイースト発酵させたものです。米の粉ならではの、焼き餅のようなからっとしたかりかり感がじつに軽妙です。ボディ生地は、全粒粉とライ麦粉を少しずつ配合したコクのあるタイプ。ラードを混ぜて少しやわらかめに仕上げています。上がけをぬって焼くと、ボディ生地は乾燥せずにぐんぐんとのびますが、上がけは熱を直接受けるために早い段階で焼き固まり、途中から耐えきれずにひび割れて、最後にはこんな不思議な模様をつくり出すのです。

ビアブロート

1. ミキシング	L3分→ラード↓H3分 こね上げ20℃
2. 低温長時間発酵	18℃ 80% 18時間
3. 分割・丸め	大:300g 小:80g——丸形
4. 成形	おにぎり形
5. 最終発酵	26℃ 80% 1時間
6. 上がけ生地	混ぜ上げ23〜24℃ 26℃ 80% 40分
7. 焼成	上245℃ 下195℃ 約20分 蒸気:窯入れ後

配合(粉1kg仕込み)

●ボディ生地
フランスパン用粉(モンブラン) 50%(500g)
フランス産小麦粉(タイプ65) 10%(100g)
小麦全粒粉(シュタインマーレン) 20%(200g)
ライ麦中挽き粉(アーレミッテル) 20%(200g)
A ┌ 塩 2.1%(21g)
  │ モルト液* 0.6%(6g)
  │ 黒ビール(ギネス) 66%(660g)
  └ 水 10%(100g)
老麺 4%(40g)
ラード 3%(30g)

●上がけ生地
上新粉 12%(120g)
B ┌ 塩 0.36%(3.6g)
  │ グラニュー糖 3%(30g)
  │ 生イースト 0.6%(6g)
  └ 水 13.8%(138g)
溶かしバター(無塩) 1.8%(18g)

*原液を同量の水(分量外)で溶いたもの。

1. ミキシング

ミキサーボウルにAの材料を入れて泡立て器で混ぜる(a)。粉を加え(b)、老麺を小さくちぎって加えながら低速で3分こねる。ラードを加え(c)、高速で3分こねる。持ち上げるとボウルからはがれるような弾力のある生地になる(d)。こね上げ温度20℃。

2. 低温長時間発酵

生地をまとめて生地箱に入れ(e)、18℃・湿度80%で18時間発酵させる(f)。

3. 分割・丸め

手粉をふって生地を台にあけ、大・300g、小・80gに分割し、それぞれ丸める(g)。26℃・湿度80%で40分休ませる。

酵母量が少なくても、全粒粉とライ麦粉入りの生地をボリュームアップさせることができるというよい例。縦にのびた大きな気泡がその証し。クラムの食感は配合から受ける印象よりもソフトで軽い。それは水分を多くして窯のびをよくし、低温長時間発酵で気長にガスを発生させ、折りたたんで上へと膨らむ構造をつくっているから。生地が焼き固まるのを防ぐ上がけの存在も大きい。上がけのないサイドと底部のクラムはがっしりと厚い。

4. 成形

大小ともに軽く押さえて平たくし、三方からぐいっと力強く引っ張って中央に折りたたんで生地表面を張らせ、生地同士をしっかりくっつけて固定し、おにぎり形にする(h)。とじ目を下にしてキャンバス地に並べる。
＊しっかり張らせて折りたたむことで、上へのボリュームがでる。

5. 最終発酵

26℃・湿度80%で1時間発酵させる。

6. 上がけ生地を仕込む

ボウルにBの材料を入れて泡立て器で混ぜ合わせる。上新粉を混ぜ入れ(i)、溶かしバターも混ぜ入れる。混ぜ上がり23～24℃(j)。ラップフィルムをかけ、26℃・湿度80%で40分発酵させ、冷蔵庫(6℃)に入れておく。

7. 仕上げ・焼成

5の生地をスリップピールに移す。6の上がけ生地を軽く混ぜてなめらかに戻し、ぽってりと厚く塗る(k)。
上火245℃・下火195℃で、窯入れ後に蒸気を多めに入れ、約20分焼く。

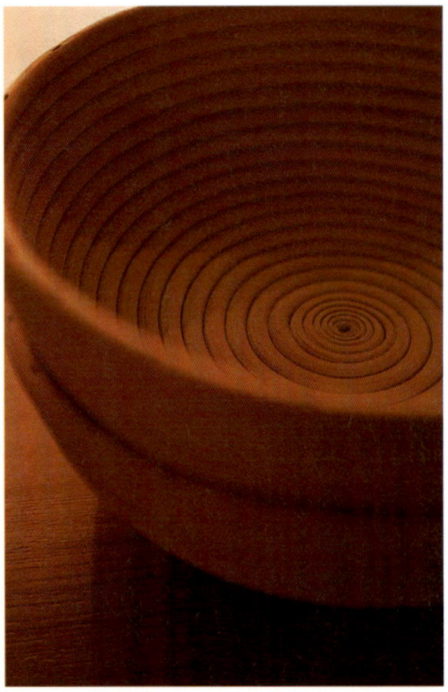

⑤ ルヴァン種でつくるパン

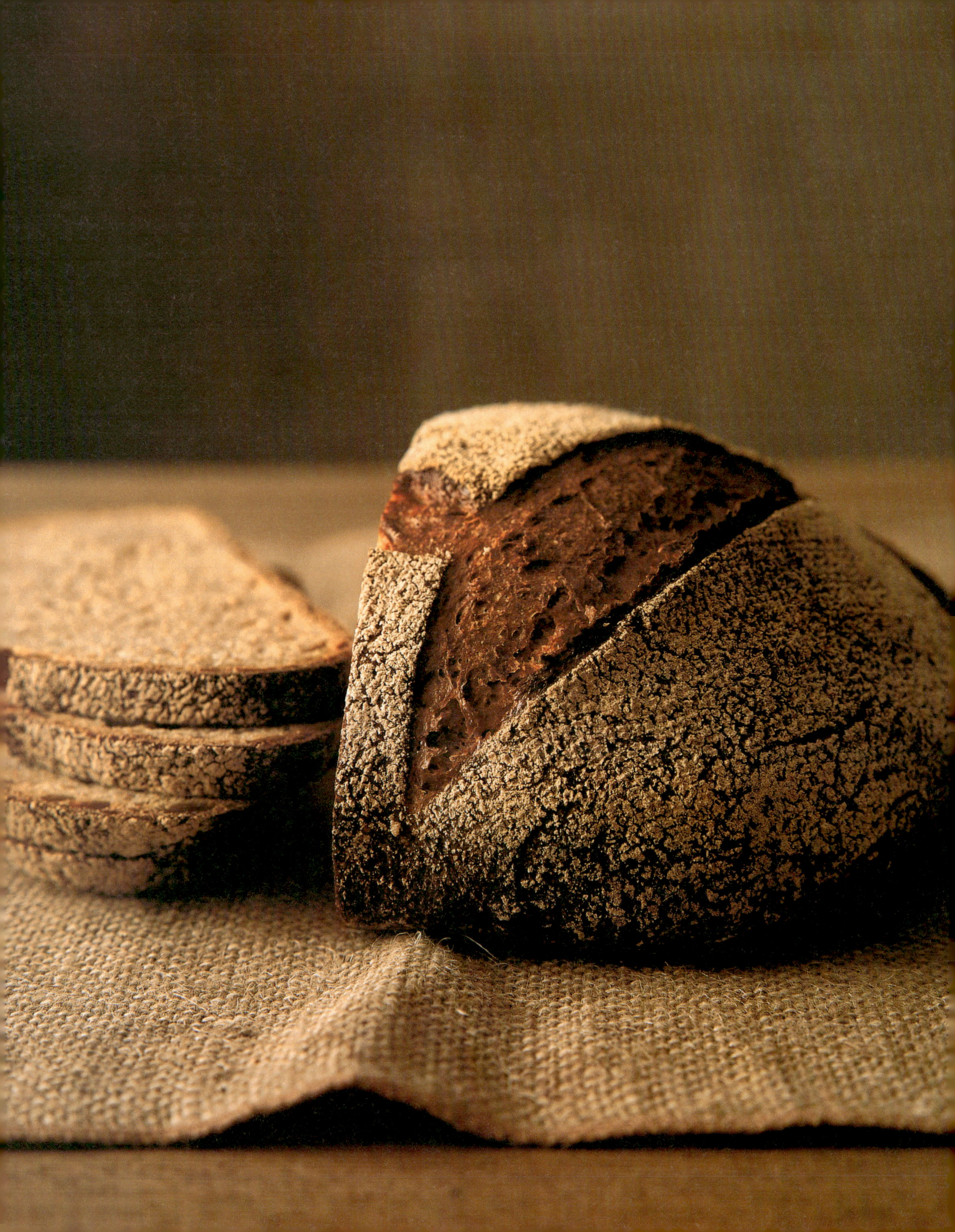

パン オ ルヴァン

Pain au levain

　小麦を住処とする菌を水と全粒粉だけで自然培養するルヴァン種こそ、もっとも根元的なパン酵母といえるかもしれません。そのルヴァン種を使った代表的なパンが、パン オ ルヴァンです。

　ここに紹介するものは、ライ麦粉を40%配合した密度の濃い、どっしりしたタイプ。ライ麦の強さと重さをルヴァン種のナチュラルな酸味で味わっていただきます。ライ麦粉をこれだけ配合しながら14時間も発酵させる私の製法はかなり異色です。これ以上発酵させるとpHが下がりすぎ、グルテンが切れて膨らまなくなってしまいますから、発酵以降の工程は時間を滞らせず、テンポよく進めることが肝心です。そうまでして長時間発酵にこだわる理由は、生まれてくる香りがまったく違うからです。低温で長時間発酵させるからこそ、熟成感のある独特の香りが生まれます。その香りを最後まで生地の中にとどめておくために、こね上げた生地はどうぞやさしく扱ってください。パンチなどまったく必要ありません。

　風味、食感、香りともに重厚なこのパンは、薄くスライスして肉のような強い食材と合わせる食べ方がおすすめです。

パン オ ルヴァン

1. ミキシング	ⓁL3分＋Ⓗ3分 こね上げ20℃
2. 低温長時間発酵	18℃ 80% 14時間 pH5.2 膨倍率1.5倍弱
3. 分割・丸め	1kg 丸形
4. 成形	丸形 藤かご(口径24.5×高さ8cm)
5. 最終発酵	27℃ 80% 2時間30分
6. 焼成	ⓊU240℃ ⒹD200℃ 約40分 蒸気:窯入れ後

配合(粉1.5kg仕込み)

- フランス産小麦粉(タイプ65)　30%(450g)
- フランス産小麦粉(ムールドピエール)　20%(300g)
- 小麦全粒粉(シュタインマーレン)　10%(150g)
- ライ麦中挽き粉(アーレミッテル)　10%(150g)
- ビオライ麦粉　30%(450g)
- 塩　2.1%(31.5g)
- モルト液＊　0.4%(6g)
- ルヴァン種　5%(75g)
- 水　約68%(約1020g)

＊原液を同量の水(分量外)で溶いたもの。

1. ミキシング

分量の水にルヴァン種を細かくちぎって入れ(a)、15～20分ふやかす。これをミキサーボウルに入れ、塩、モルト液を加えて泡立て器で混ぜる(b)。粉を加え(c)、低速で3分、高速で3分、つやがでてくるまでこねる(d)。こね上げ温度20℃。

＊小麦全粒粉とライ麦粉を合計50%配合しているため、グルテンがでにくく、生地はねちゃっとしている。

2. 低温長時間発酵

生地をまとめて生地箱に入れ、18℃・湿度80%で14時間発酵させる(e・f)。膨倍率1.5倍弱。発酵後pH5.2。

＊14時間が発酵時間の上限。これ以上長くすると酸味が強くなりすぎるし、膨らまなくなる。

3. 分割・丸め

手粉(ライ麦粉)をふって生地を台にあける。グルテン組織がわずかに形成されている(g)。1kgに分割し、ふわっとやさしく丸める(h)。

＊発酵中に生じたガス(香り)を逃がさないように、組織を壊さないように扱うことが大切。

＊余った生地はプチパンにするとよい(右ページ◎)。

ライ麦を4割配合するとクラムの色がこれだけ濃い茶色になる。クラムはしっとりとして、気泡のほとんどはかろうじて空気を抱き込んでいる程度の微細なもの。これは焼成中に生地の水分が抜けきらずに多量に残った結果。ルヴァン種はイーストのような安定した発酵力はないため、気泡は不揃いになり、中挽きライ麦粉がグルテンのつながりを阻害することも手伝ってボリュームもでない。厚く頑丈なクラストがクラムの水分を保護するため、日持ちはよい。

4. 成形

籐かご(口径24.5×高さ8cm)に目の粗い麻布を敷き、ライ麦粉をふっておく。
生地内のガスを抜かないようにやさしく、両手で丸め直す。生地の端がすべて裏側に集まっていればよい(i)。とじ目を上にしてかごに入れ、とじ目を指でつまんでしっかりくっつける(j)。麻の布目模様がつくように生地を軽く押す。

5. 最終発酵

27℃・湿度80%で2時間30分発酵させる。

6. 焼成

かごを逆さにして生地をスリップピールにあけ、表面のライ麦粉が少なければ茶漉しでふる。クープを4本入れる(k)。
上火240℃・下火200℃で、窯入れ後に蒸気をたっぷり入れ、約40分焼く。

◎プチパン

分割・丸め：70g 丸形
成形：丸形
最終発酵：とじ目を下にしてキャンバス地に並べ、茶漉しでライ麦粉をふり、5と同条件で90分発酵させる。
焼成：6と同様にクープを入れ、上火258℃・下火200℃で約20分焼く(蒸気は6と同様)。

ロジーネン&ヴァルヌス

Rosinen und Walnuss

　クルミとレーズンがぎっしり詰まった、見た目以上に重量感のあるパンです。レーズンの甘みとクルミのコクが生地の酸味に絶妙に絡み、個性の強いチーズにも負けない主張のある味わいです。これだけの量の副材料を混ぜると、生地に触れれば触れるほど副材料が繊細な生地組織を壊し、発酵力を低下させてしまいます。だから成形は手数をかけずにさっと転がすだけ。また、レーズンは糖分が多く焦げやすいため、粉をたっぷりふって焦げるのを防ぎます。焼き立てを食べてもいいし、一晩置いてレーズンとクルミの味が生地になじんだところを食べるのもまたおいしいもの。

0. 準備	クルミ・レーズン:浸水15分 ざる上げ10分
1. ミキシング	L3分+H6分→副材料 L2分 こね上げ20℃
2. 低温長時間発酵	18℃ 80% 14時間 pH5.2
3. 分割・成形	大:200g 小:100g ——クッペ形
4. 最終発酵	27℃ 80% 90分
5. 焼成	上258℃ 下200℃ 小:約20分 大:約25分 蒸気:窯入れ後

配合(粉1.5kg仕込み)

フランス産小麦粉(タイプ65)	30%(450g)	クルミ(ローストしたもの)	40%(600g)
フランス産小麦粉(ムールドピエール)	20%(300g)	レーズン	30%(450g)
小麦全粒粉(シュタインマーレン)	10%(150g)		
ライ麦中挽き粉(アーレミッテル)	10%(150g)	*原液を同量の水(分量外)で溶いたもの。	
ビオライ麦粉	30%(450g)		
塩	2.3%(34.5g)		
モルト液*	0.4%(6g)		
ルヴァン種	3%(45g)		
水	約80%(約1200g)		

0. 準備

ミキシング開始25分前に、ローストしたクルミとレーズンを水(分量外)に浸し、15分たったらざるに上げて10分間水気を切る。

1. ミキシング

分量の水の中にルヴァン種を細かくちぎって入れ、15〜20分ふやかす。これをミキサーボウルに入れ、塩、モルト液を加えて泡立て器で混ぜる。粉を加えて低速で3分、高速で6分こねる(a)。準備したクルミとレーズンを加え(b)、低速で2分混ぜる。こね上げ温度20℃。

2. 低温長時間発酵

生地箱に入れ(c)、18℃・湿度80%で14時間発酵させる。発酵後pH5.2。

3. 分割・成形

手粉(極細挽きライ麦粉)をふって生地を台にあける(d)。大・200g、小・100gに、横長の形に分割し、両手のひらで転がしてクッペ形に成形する。手粉をたっぷりまぶしてキャンバス地にひだで仕切って並べる(e)。
*生地に触れれば触れるほど、クルミとレーズンが気泡を圧迫して壊してしまう。だから丸めの工程を経ず、折りたたみもせずに転がすだけで成形する。
*レーズンの量が多くて焦げやすいため、粉をたっぷりまぶす。

4. 最終発酵

27℃・湿度80%で90分発酵させる。

5. 焼成

表面の粉が足りなければ茶漉しでふり、スリップピールに移す。大はクープを斜めに4本入れ(f)、小は横一文字に長いクープを入れる。
上火258℃・下火200℃で、窯入れ後に蒸気をたっぷり入れ、小は約20分、大は約25分焼く。
*両端の細い部分は特に焦げやすいため、粉を忘れずにふる。

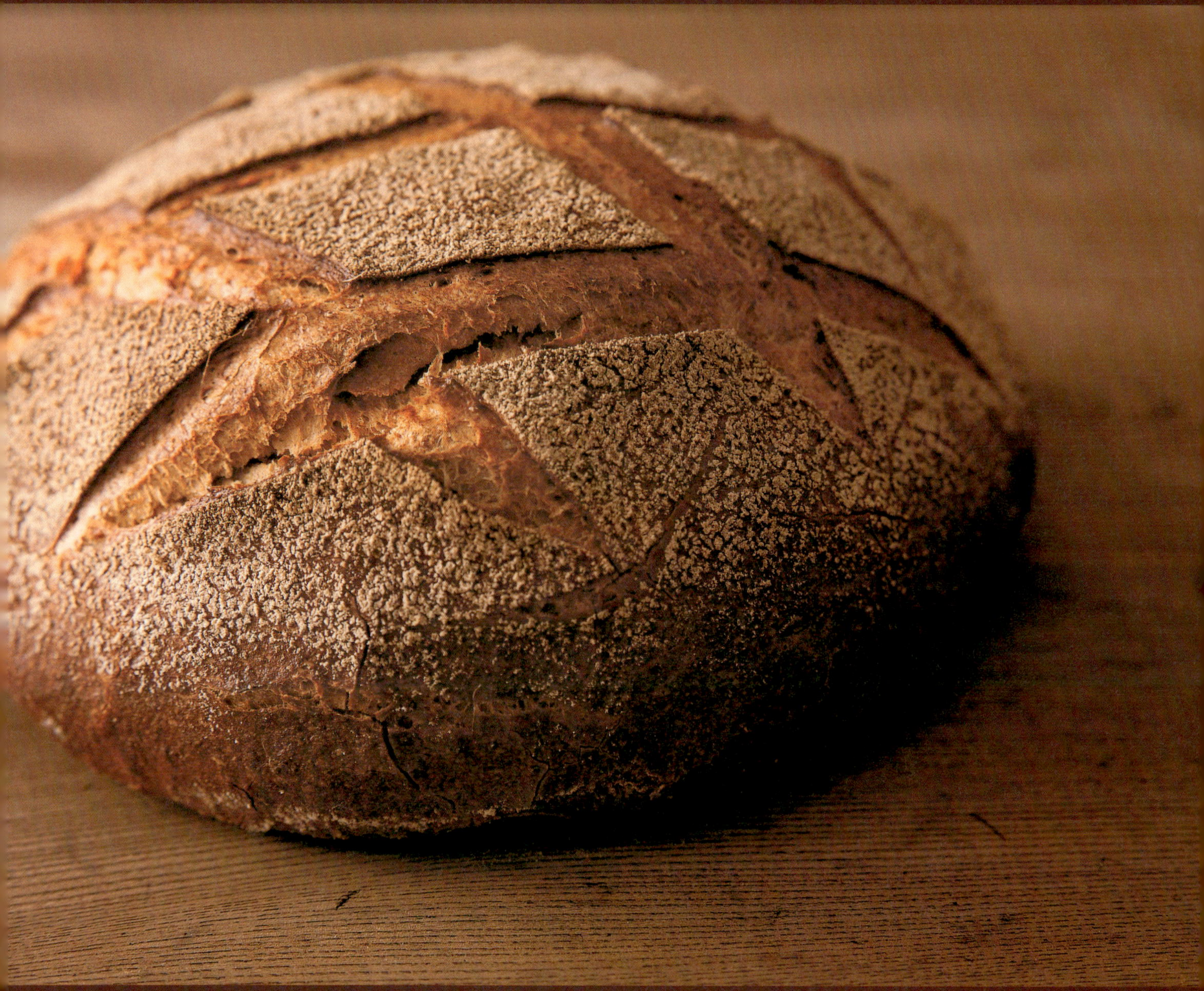

MARUブロート

MARU Brot

　有機栽培の素材を自分の目と舌で選び、自らの手で加工して食品に変え、お客さまのもとへお届けする。それは自然界の大きな循環のなかに能動的に参加することだと考えます。もちろん素材のよさに甘えず、素材に負けないおいしさに仕上げてみなさんに納得していただける価格で販売することも大切なこと。今後、自分の持てる技術と経験を最大限生かしてチャレンジしていきたい分野のひとつです。

　ここに紹介するMARUブロートは、小麦を主体にライ麦とオーツ麦を10％ずつ配合したもので、いずれもヨーロッパ産のビオ（有機栽培）麦を使用しています。一般的にヨーロッパのビオ麦は味の主張が強く、風味が強くでる傾向にあり、しっかりこねて小麦のグルテンをだし、ボリュームを大きくすることが大切です。ボリュームがないとクラムが詰まって食感が重くなり、味の濃さが負担になってしまうのです。またビオ麦は吸水率や発酵の進みぐあいが安定しないのが難しいところ。発酵オーバーになると途端に酸味が強くなりますから、時間や温度に頼らず、こまめに状態を確認してください。

　現代人の食生活に不足しがちな鉄分、カルシウム、繊維をたっぷり含むこのパンは、日々の食卓にも最適です。ユーハイム・ディー・マイスター丸ビル店のために考案したことを記念し、MARUの文字を名に冠しました。

MARUブロート

1. 中種　⏱7分　こね上げ26℃
   26℃ 80% 3〜4時間→6℃ 12〜15時間
2. 本ごね　⏱10分　こね上げ23℃
3. 一次発酵　26℃ 80% 90分 pH4.7
4. 分割・成形　2kg 丸形 籐かご(口径24.5×高さ8cm)
5. 最終発酵　27℃ 80% 3時間
6. 焼成　上240℃ 下220℃ 約1時間 蒸気：窯入れ前後

配合(粉4kg仕込み)

●中種
小麦全粒粉(ビオタイプ170)　16.5%(660g)
ルヴァン種　13.75%(550g)
水　約9.9%(約396g)

●本ごね
中種　左記全量
フランス産小麦粉(ビオタイプ65)　60%(2400g)
ビオライ麦粉　10%(400g)
ビオオーツ麦粉　10%(400g)
塩　2.2%(88g)
モルト液*　0.2%(8g)
水　約58%(約2320g)

*原液を同量の水(分量外)で溶いたもの。

1. 中種を仕込む

ミキサーボウルに水、ルヴァン種、粉を入れ(a)、低速で7分、つやがでるまでこねる(b)。こね上げ温度26℃。生地をまとめてボウルに入れ(c)、26℃・湿度80%で3〜4時間発酵させ(d)、さらに冷蔵庫(6℃)で12〜15時間発酵させる(e)。

*6℃でも発酵はゆっくりと進む。

2. 本ごね

ミキサーボウルに水、塩、モルト液を入れて泡立て器で混ぜる。1の中種をちぎって加え、粉も加える(f)。低速で10分こねる(g)。こね上げ温度23℃。

*長めにミキシングして小麦グルテンを最大限引き出し、グルテン形成を妨げるオーツ麦とライ麦の影響を抑える。

*ビオの粉は焼くと風味が強くなる傾向にあり、しっかりグルテンをだしておかないとボリュームがでず、クラムが詰まって味がきつくなってしまう。

3. 一次発酵

生地を生地箱に入れ、26℃・湿度80%で90分発酵させる(h)。発酵後pH4.7。

茶色の斑点がライ麦粉、クリーム色の斑点はオーツ麦粉。ヨーロッパのビオ(有機栽培)麦は主張が強く、焼くと味が濃くなる傾向にあるため、グルテンを最大限だしてボリュームを大きくし、クラムにもクラストにも多数の気泡を入れてやや軽くした方がいい。焼成時間が長いためにクラストが厚くなる。焼成中に適度に水分を逃さないとクラムが湿って重くなるため、クープの本数を多くする。

4. 分割・成形

手粉(ビオライ麦粉)をふって生地を台にあけ、2kgに分割する。藤かご(口径24.5×高さ8cm)に目の粗い麻布を敷き、ビオライ麦粉をふっておく。
生地内部のガスを抜かないようにやさしく両手で丸める。生地の端がすべて裏側に集まって、とじ目がしっかりくっついていればよい(i)。とじ目を上にしてかごに入れる(j)。
＊余った生地はクッペにするとよい(右記◎)。

5. 最終発酵

27℃・湿度80%で3時間発酵させる。

6. 焼成

茶漉しでビオライ麦粉をふり(k)、かごを逆さにして生地をスリップピールにあける。表面の粉が少なければふり足し、クープを8本入れる(l)。
上火240℃・下火220℃で、蒸気は窯入れ前に少々、窯入れ後に多めに入れ、約1時間焼く。

◎クッペ

分割・丸め：400g 丸形
成形：クッペ形(成形後にビオライ麦粉を全体にまぶす)
最終発酵：26℃ 80% 90分
焼成：クープを横一文字に長く入れ、6と同条件で約35分焼く。

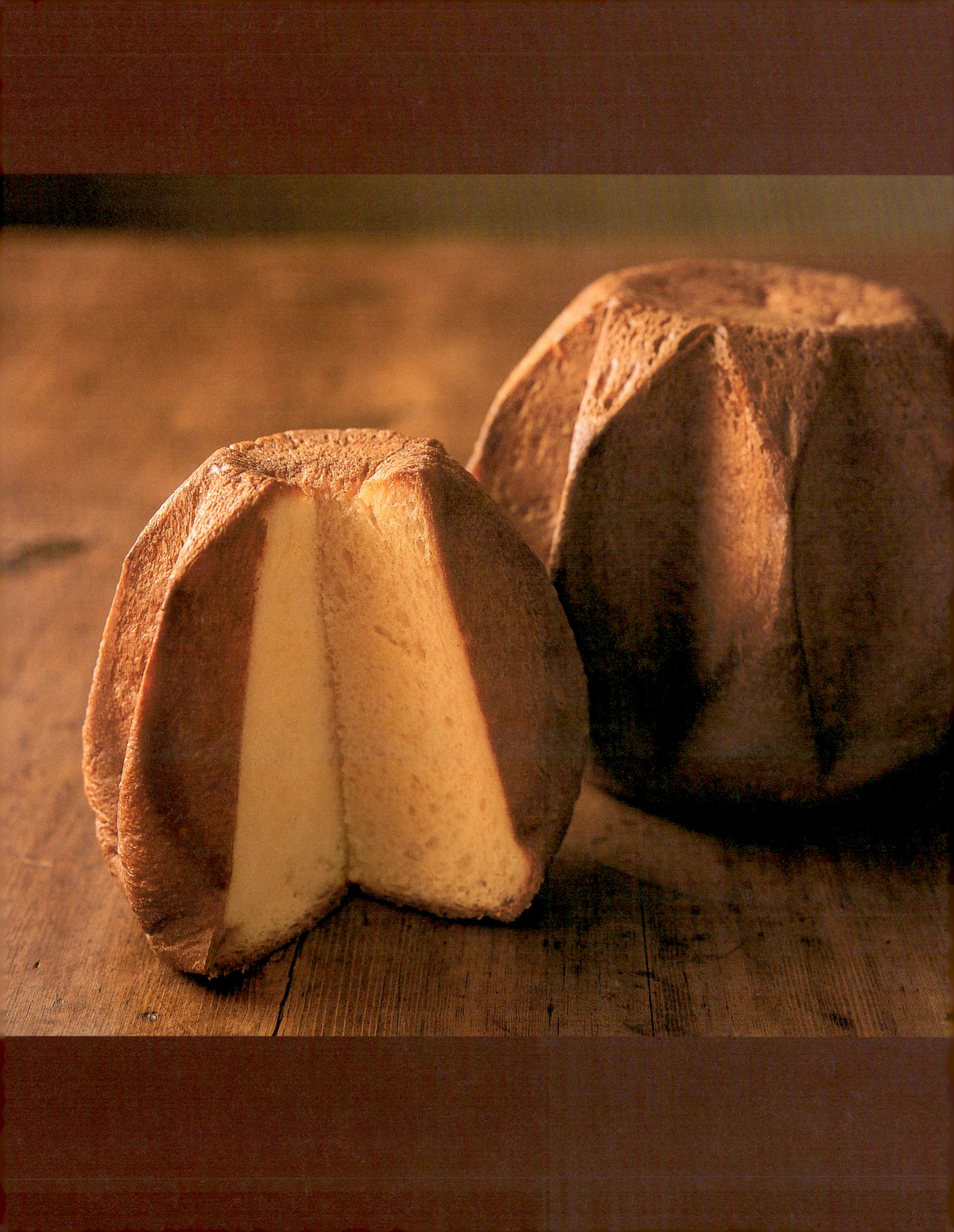

パンドーロ

Pan d'oro

　黄金のパンという名をもつこのパンは、イタリアのクリスマス菓子です。卵、バター、生クリーム、砂糖をたっぷり配合して、ふわふわした雪のようにしっとりと繊細に、なおかつベルベットのようなすべらかな食感に焼き上げます。八角の星形は聖なる祭事にふさわしいフォルムですが、じつは生地の性質上、必然的な形なのです。この生地は焼成中にあまりにやわらかくなるため、クラストの面積をできるだけ広くして、クラストで生地のボリュームを支えないとしぼんでしまうのです。

　本来、パネトーネ菌と呼ばれるもので発酵させるそうですが、私は使いなれたイーストとルヴァン種で自己流にアレンジしました。イーストの安定した発酵力はリッチな生地には欠かせませんし、ルヴァン種の酸味が卵や乳製品のこってり感を消すのにぴったりなのです。

　このパンはグルテンの形成を妨げる油脂と糖分の配合量が多いため、作業環境の温度によってミキシング時の生地のつながり方が大きくぶれ、グルテンのだし方や副材料を加えるタイミングには熟練を要します。でも、舌の上に広がるコクとやわらかにとろける風合いは、文字通り他に類のない黄金の味わいですし、美しく焼き上がった姿はお店を華やかに彩ってくれます。ぜひ臆せずに挑戦してください。

パンドーロ

1. 中種　L3分→バター↓L2分→H3分　こね上げ21〜22℃
   26℃ 80% 30〜40分→6℃ 12〜24時間
2. 本ごね　L3分+H5分→(砂糖↓L2分+バター↓L2分)×2
   →H1分　こね上げ23℃
3. 一次発酵　26℃ 80% 30〜45分
4. 分割・丸め　400g 丸形
5. 成形　丸形 パンドーロ型
   (底直径10×最大口径21.5×高さ14cm)
6. 最終発酵　27℃ 80% 3時間
7. 焼成　上下190℃ 約30〜35分

配合(粉2kg仕込み)

●中種
強力粉(ベチカ)　50%(1000g)
A　グラニュー糖　5%(100g)
　　生イースト　2%(40g)
　　牛乳　3%(60g)
　　生クリーム(乳脂肪分41%)　20%(400g)
　　卵黄　30%(600g)
無塩バター　20%(400g)

●本ごね
中種　左記全量
強力粉(スリーグッド)　50%(1000g)
塩　1.2%(24g)
グラニュー糖　40%(800g)
ルヴァン種　10%(200g)
牛乳　9%(180g)
卵黄　30%(600g)
無塩バター　40%(800g)

1. 中種を仕込む

ミキサーボウルにAの材料を入れて泡立て器で混ぜる(a)。粉を加えて低速で3分こねる。バターを握りつぶして加えて低速で2分混ぜ、高速で3分こねる。グルテンのしっかりでた生地になる(b)。こね上げ温度21〜22℃。生地をまとめてボウルに入れ(c)、26℃・湿度80%で30〜40分発酵させ、さらに冷蔵庫(6℃)で12〜24時間発酵させる(d)。

2. 本ごね

グラニュー糖は3等分しておく。ミキサーボウルに牛乳、卵黄、塩、グラニュー糖の1/3量、ルヴァン種を細かくちぎって入れ、前日に仕込んだ中種もちぎって入れる(e)。泡立て器で混ぜる。粉を加えて低速で3分、高速で5分こねる。グラニュー糖の1/3量を加えて低速で2分、バターを半量握りつぶして加えて低速で2分混ぜる。残りのグラニュー糖を加えて低速2分、残りのバターを加えて低速で2分混ぜる。最後に高速で1分こねる(f)。こね上げ温度23℃。

*砂糖もバターもグルテンの形成を阻害する性質をもつ。配合量がこれだけ多い場合は一気に加えず、2〜3回に分けて加え混ぜてグルテン組織へのダメージをできるだけ軽減する。

3. 一次発酵

内側に空気を含ませるように生地をまとめて生地箱に入れる。26℃・湿度80％で30～45分発酵させる。

4. 分割・丸め

鉄板にオーヴンペーパーを敷いて手粉をふり、生地をあけて広げる(g)。冷凍庫(−6℃)に3時間ほど入れて生地を締める。べたつき感がなくなったら、手粉をふって台にあけ、400gに分割し、丸める(h上)。再び冷凍庫で3時間ほど締める。

＊200gに分割して小さな型でつくってもよい(h下・右記◎)。

5. 成形

丸め直してとじ目をしっかりくっつけ(i)、とじ目を下にしてパンドーロ型(底直径10×最大口径21.5×高さ14cm)に入れる(j)。

6. 最終発酵

26℃・湿度80％で生地の温度を26℃程度まで上げ、27℃・湿度80％で3時間発酵させる(k)。

7. 焼成

スリップピールにのせ、上火、下火とも190℃のオーヴンの中央に入れて約30～35分焼く。室温程度に冷めたら型から取り出す。

＊パンドーロはケービング(腰折れ)しないぎりぎりのやわらかさに焼き上げるパン。そのために表面積を極力大きくした型(八角の星形)が使われる。焼成中に少しでもショックを与えるとしぼんでしまうため、窯内でもっとも熱の安定性が高い中央で動かさずに焼いて、焼きむらを防ぐ。

＊冷める前に型から取り出すとしぼんでしまう。

◎小型パンドーロ

型：小型パンドーロ型(底直径6.5×最大口径16×高さ11cm)
分割：200g
焼成：7と同条件で約19分

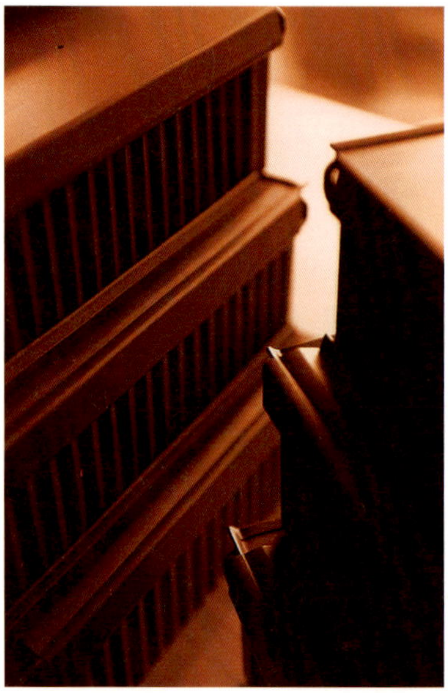

⑥

ホップ種でつくるパン

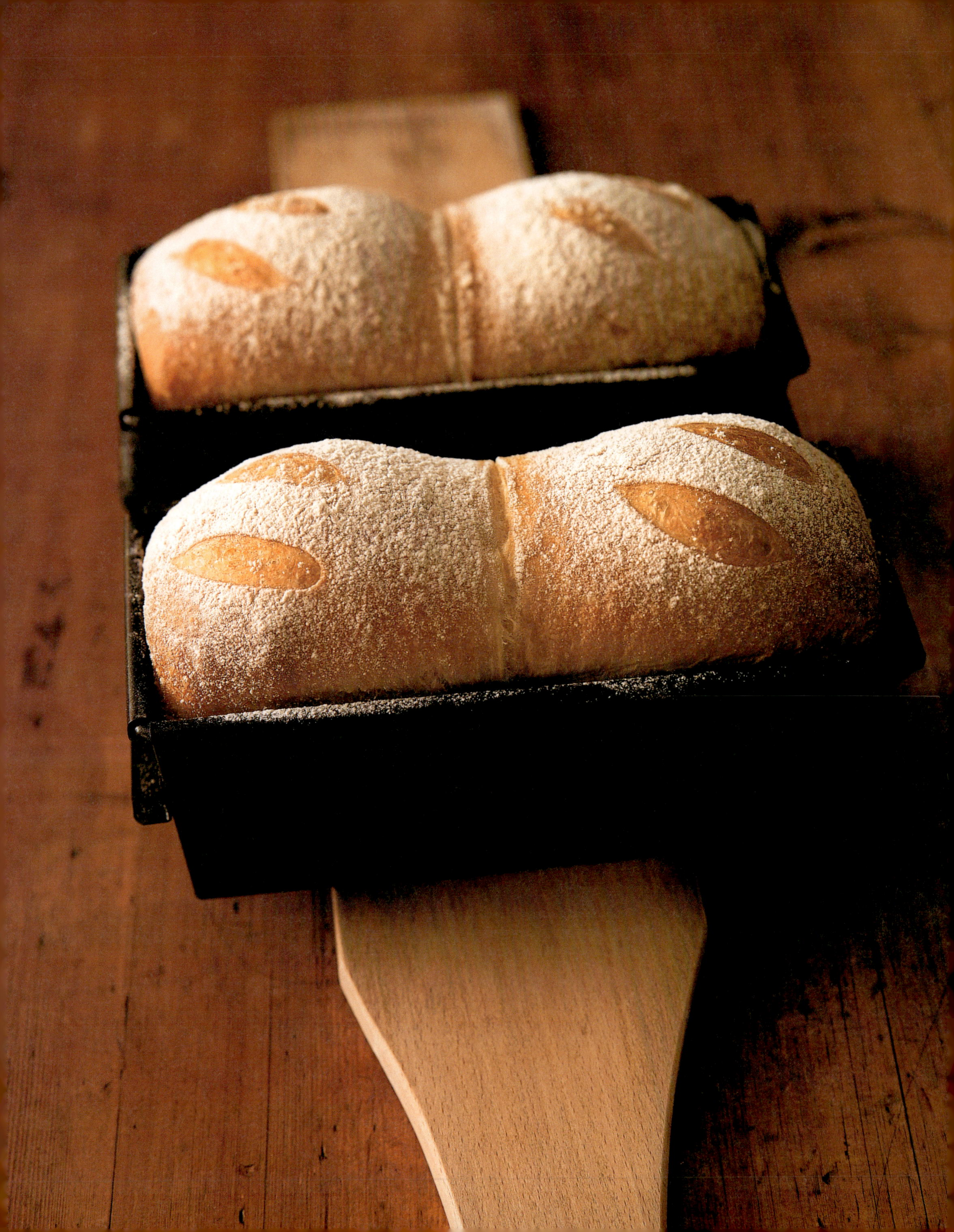

豆乳ブレッド

Soymilk bread

　幼少のころ、祖母が豆腐を手づくりしていました。当時の日本の田舎ではよくある風景だったのでしょう。子どもはたいてい手伝いをさせられ、私の役目は煮大豆を石臼でつぶすことでした。だからできたての豆乳がどんなに甘く、おいしいかを知っています。その原体験がこのパンをつくらせたのかもしれません。

　このパンを食べていただければ、バターや牛乳など乳脂肪分を加えずとも、豆乳だけでソフトなおいしい食パンがつくれることがわかっていただけます。軽い食感にするためにしっかりこねてグルテンをだし、ホップ種による低温長時間発酵でしっとり、もっちりとした窯のびのよい生地をつくります。イーストを使えばもっとよく膨らみますが、味気のない軽さになってしまいます。その点ホップ種なら窯内で熱にゆっくり反応し、生地に適度な密度と水分を残して、心地よい弾力感とわずかにひきのある噛みごたえに仕上がります。また、ホップ特有の苦みが豆乳の甘みを引き立てる隠し味にもなるのです。しょうゆを微量配合したのも同様の理由です。

豆乳ブレッド

1. ミキシング	**L**5分＋**H**2分 こね上げ22～23℃
2. ボリュームアップ	三つ折り×2回
3. 低温長時間発酵	20℃ 80% 15時間 pH6.8 膨倍率3倍強
4. 分割・丸め	200g×2個 丸形
5. 成形	丸形×2個 角型(20×7×高さ8cm)
6. 最終発酵	27℃ 80% 2時間30分
7. 焼成	上210℃ 下200℃ 約20分 蒸気：窯入れ前後

配合(粉4kg仕込み)

強力粉(スリーグッド) 50%(2000g)
強力粉(ベチカ) 40%(1600g)
強力粉(グリストミル) 10%(400g)

A ┌ 塩 1.5%(60g)
　├ きび砂糖 5%(200g)
　├ モルト液 0.8%(32g)
　├ ホップ種 10%(400g)
　├ 無調整豆乳 50%(2000g)
　├ しょうゆ 1%(40g)
　└ 水 20.5%(820g)

1. ミキシング

ミキサーボウルにAの材料を入れて泡立て器で混ぜる(a)。粉を加えて低速で5分、高速で2分こねてグルテンをしっかりだす。引っ張ると底からはがれるほど弾力の強い生地になる(b)。こね上げ温度22～23℃。生地を生地箱に入れ、26℃・湿度80%で10分休ませる。

2. ボリュームアップ

手粉をふって台にあけ、三つ折りを2回行う。四隅を引っ張って四角形に整え、左右から強めの力でぐいっと引っ張って1/3ずつたたみ、同様に下、上からも1/3ずつたたむ(c)。

＊強めにぐいっと引っ張ってたたむことで表面を張らせ、グルテン組織で内部のガスを封じ込める。こうすることで上方向へのボリュームがでる。

3. 低温長時間発酵

たたみ終わりを下にして生地箱に入れ(d)、20℃・湿度80%で15時間発酵させる(e)。発酵後pH6.8。膨倍率3倍強。

＊膨倍率の高い生地なので生地箱は大きさに余裕が必要。

＊発酵時間をこれ以上長くすると酸味がでてしまう。これ以降、窯入れまで、早め早めのタイミングで作業する。

4. 分割・丸め

手粉をふって生地を台にあける。グルテンの網目組織がしっかり形成されている(f)。200gに分割して丸める(g)。丸め方のこつは、内部のガスを抜かないように、力をかけすぎずに軽く芯を残して表面だけを張らせること。26℃・湿度80%で30分休ませる。

＊発酵中に生じた内部のガス(香り)は窯入れ時まで逃がさずに保つ。表面のグルテンで内部のガスを閉じ込めるイメージ。

豆乳の色をそのまま反映したクリーム色のクラムには、縦長の気泡が多数混じる。適度に不揃いで、適度に上にのびた気泡がホップ種の特徴。イーストを使うときめが細かく揃い、気泡膜も薄くなり、噛みごたえがなくなってしまう。豆乳を焦がすと豆独特の臭みがでるため、表面に粉をふって焼き色が濃くなるのを防ぎ、クープを入れてクラストをのばして薄く焼き上げる。

5. 成形

4と同じ要領で丸め直し(h)、角型(20×7×高さ8cm)にとじ目を下にして2個並べ入れる(i)。

6. 最終発酵

27℃・湿度80%で2時間30分発酵させる。

7. 焼成

茶漉しで薄く粉をふり、クープを浅く2本ずつ入れる(j)。スリップピールに並べ、上火210℃・下火200℃で、蒸気は窯入れ前に少々、窯入れ後は型に水滴がつく程度に入れ、約20分焼く。
＊クラストを茶色に色づけると豆乳の風味が変化して豆臭くなる。焼き色が濃くなるのを防ぐために粉をふり、さらにクープを入れて窯のびをよくする。

⑥ホップ種でつくるパン

ロイヤルローフ
Royal loaf

　はちみつとマスカルポーネを配合した風味豊かな食パンです。マスカルポーネは乳脂肪分が60％を超える、クリーム状のこってりとしたチーズ。こうした高脂肪のチーズには、はちみつがことのほかよく合うもの。その組み合わせをそのままパンに応用してみました。はちみつの存在感を強くしたいのなら、このレシピのように香りの強いものを少量組み合わせるといいでしょう。まろやかな口あたりに上品な甘さ、軽やかでありながら存在感のあるコク。そのままでももちろんおいしいけれど、薄くスライスしてさくさくにトーストし、シャンパンとともに味わうのもおすすめです。

1. ミキシング	L5分+H3分→バター L2分→H1分 こね上げ22〜23℃
2. ボリュームアップ	三つ折り×2回
3. 低温長時間発酵	20℃ 80% 15時間 膨倍率約2.5倍 pH5.1
4. 分割・丸め	400g×2個 丸形
5. 成形	丸形×2個 角型(24×8.5×高さ12cm)
6. 最終発酵	27℃ 80% 3時間
7. 焼成	上180℃ 下200℃ 約50分 蒸気：窯入れ前後

配合（粉3kg仕込み）

強力粉(スリーグッド)　60%(1800g)
強力粉(ベチカ)　20%(600g)
強力粉(グリストミル)　10%(300g)
フランス産小麦粉(バゲットムニエ)　10%(300g)

A ┃ 塩　2%(60g)
　┃ モルト液*　0.8%(24g)
　┃ ホップ種　11%(330g)
　┃ マスカルポーネチーズ　15%(450g)
　┃ はちみつ(香りのマイルドなタイプ)　8%(240g)
　┃ はちみつ(香りの強いタイプ)　2%(60g)
　┃ 水　約53%(約1590g)

無塩バター　20%(600g)

*原液を同量の水(分量外)で溶いたもの。

1. ミキシング

ミキサーボウルにAの材料を入れて泡立て器で混ぜる(a)。粉を加えて低速で5分、高速で3分こねる。バターを握りつぶして加えて低速で2分混ぜ、高速で1分こねる。つやがあって弾力のある生地になる(b)。こね上げ温度22〜23℃。生地をまとめて生地箱に入れ、26℃・湿度80%で10分休ませる。

2. ボリュームアップ

手粉をふって台にあけ、三つ折りを2回行う。四隅を引っ張って四角形に整え、左右から強めの力でぐいっと引っ張って1/3ずつたたみ、同様に下、上からも1/3ずつたたむ(c)。

*強めにぐいっと引っ張ってたたむことで表面を張らせ、グルテン組織で内部のガスを封じ込める。こうすることで上方向へのボリュームがでる。

3. 低温長時間発酵

たたみ終わりを下にして生地箱に入れ(d)、20℃・湿度80%で15時間発酵させる(e)。膨倍率約2.5倍。発酵後pH5.1。

4. 分割・丸め

手粉をふって生地を台にあける。グルテンの網目組織がしっかり形成されている(f)。400gに分割し、丸める(g)。丸め方のこつは、内部のガスを抜かないように、力をかけすぎず、表面だけを張らせ、とじ目をしっかりくっつけること。26℃・湿度80%で40分休ませる。

*発酵中に生じた内部のガス(香り)は窯入れ時まで逃がさずに保つ。表面のグルテンで内部のガスを閉じ込めるイメージ。

5. 成形

4と同じ要領で丸め直し、角型(24×8.5×高さ12cm)にとじ目を下にして2個並べ入れる(h)。

6. 最終発酵

27℃・湿度80%で3時間発酵させる(i)。

7. 焼成

スリップピールに並べる。上火180℃・下火200℃で、蒸気は窯入れ前に少々、窯入れ後は型に水滴がつく程度に入れ、約50分焼く。

ハニーブレッド
Honey bread

　卵、バター、はちみつ、ヨーグルトを配合して、リッチな味わいにとことんこだわってみました。風味は濃厚なのに食感が軽いから、いくらでも食べられてしまいます。一般的に、リッチな生地を軽く仕上げるためには酵母の量を増やす必要がありますが、ホップ種の場合は増やすと苦みが味に影響を及ぼすため、イースト由来の安定した発酵力を備えた老麺を併用することにしました。ホップ種の苦みが卵臭さを消し、老麺の酸味も絶妙な隠し味としてパンの甘みを引き立てます。

1. ミキシング	L5分+H3分→バター↓L2分→H2分 こね上げ22〜23℃
2. ボリュームアップ	三つ折り×2回
3. 低温長時間発酵	20℃ 80% 15時間 pH5.4 膨倍率約2.5倍
4. 分割・丸め	280g×2個 丸形
5. 成形	丸形×2個 角型(25×10.5×高さ8cm)
6. 最終発酵	27℃ 80% 3時間
7. 焼成	上180℃下200℃ 約35分 蒸気:窯入れ前後

配合(粉3kg仕込み)

強力粉(スリーグッド) 70%(2100g)
強力粉(グリストミル) 20%(600g)
フランス産小麦粉(タイプ65) 10%(300g)

A ┌ 塩 2%(60g)
  │ モルト液* 0.6%(18g)
  └ ホップ種 15%(450g)

老麺 9%(270g)

B ┌ はちみつ 20%(600g)
  │ ヨーグルト(プレーン) 10%(300g)
  │ 全卵 10%(300g)
  └ 水 25%(750g)

無塩バター 20%(600g)

*原液を同量の水(分量外)で溶いたもの。

1. ミキシング

ミキサーボウルにAとBの材料を入れて泡立て器で混ぜる(a)。老麺を小さくちぎって加えながら低速で5分、高速で3分こねる。バターを握りつぶして加えて低速で2分混ぜ、高速で2分こねる。弾力のある生地になる(b)。こね上げ温度22〜23℃。生地をまとめて生地箱に入れ、26℃・湿度80%で10分休ませる。

2. ボリュームアップ

手粉をふって台にあけ、三つ折りを2回行う。四隅を引っ張って四角形に整え、左右から強めの力でぐいっと引っ張って1/3ずつたたみ、同様に下、上からも1/3ずつたたむ(c)。
＊強めにぐいっと引っ張ってたたむことで表面を張らせ、グルテン組織で内部のガスを封じ込める。こうすることで上方向へのボリュームがでる。

3. 低温長時間発酵

たたみ終わりを下にして生地箱に入れ(d)、20℃・湿度80%で15時間発酵させる(e)。膨倍率約2.5倍。発酵後pH5.4。

4. 分割・丸め

手粉をふって生地を台にあける。グルテンの網目組織がしっかり形成されている(f)。280gに分割し、丸める(g)。丸め方のこつは、内部のガスを抜かないように、力をかけすぎず、表面だけを張らせ、とじ目をしっかりくっつけること。26℃・湿度80%で40分休ませる。
＊発酵中に生じた内部のガス(香り)は窯入れ時まで逃がさずに保つ。表面のグルテンで内部のガスを閉じ込めるイメージ。

5. 成形

4の丸めと同じ要領で丸め直し、角型(25×10.5×高さ8cm)にとじ目を下にして2個並べ入れる(h)。

6. 最終発酵

27℃・湿度80%で3時間発酵させる(i)。
＊写真では蓋付きの型を使用しているが、蓋は必要ない(蓋をせずに焼く)。

7. 焼成

スリップピールに並べる。上火180℃・下火200℃で、蒸気は窯入れ前に少々、窯入れ後には型に水滴がつく程度に入れ、約35分焼く。

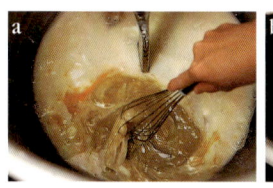

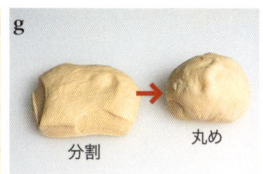

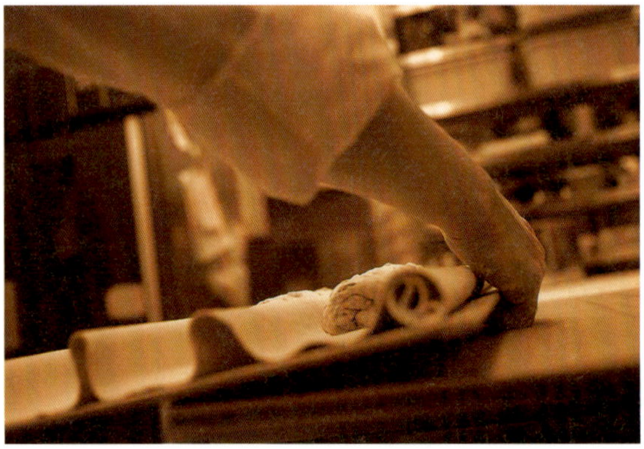

⑦
サワー種でつくるドイツパン

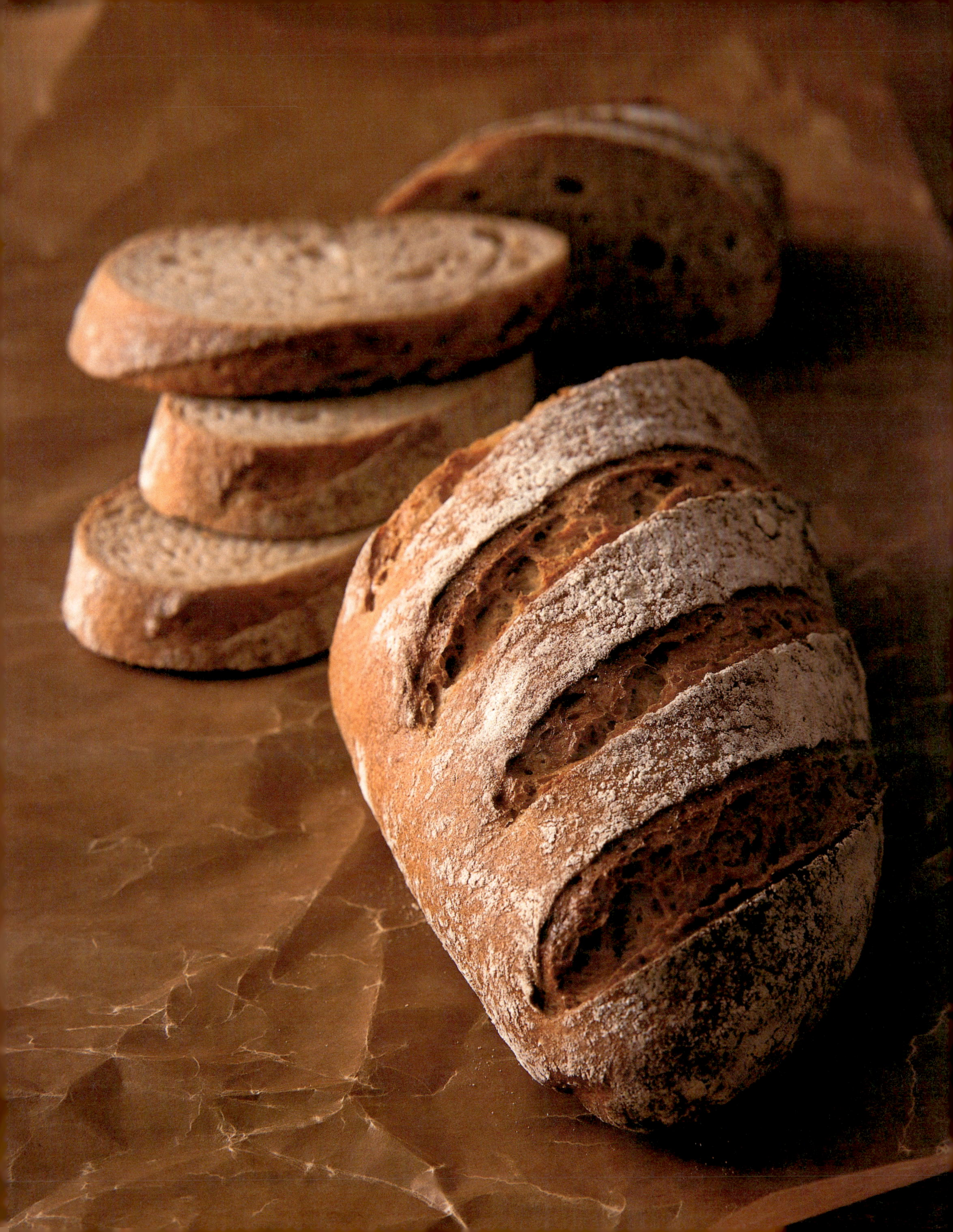

ファインブロート

Feinbrot

　ドイツ人のだれにとっても親しみのある、もっとも一般的なドイツパンというとこのパンになるのではないでしょうか。ライ麦粉と小麦粉の配合比が半々。これが彼らのお気に入りのバランスのようです。

　ドイツパンというと、クラムの詰まったどっしりと重いタイプを想像する方もいるようですが、このパンには小麦粉が5割配合されていますから、グルテンがほどよくでて、クラムには細かい気泡がたくさん入り、バランスのよい"中庸"を保っています。ボリューム、ひき、歯切れ、しっとり感、もっちり感——すべてがほどよく、心地よい加減なのです。

　一般的にはミッシュブロート(ミッシュは英語のミックスと同義)の名で呼ばれますが、北ドイツでは特にこれをファインブロートと呼ぶそうです。ファインという言葉には、素晴らしい、上等な、うまい、といった意味があり、日々の食卓のためのパンにこの名前をつける北ドイツ人のセンスにとても共感します。ドイツでは、80g程度のブロッチェン(小型パン)から2kgもの大型のものまでさまざまなサイズがあり、ひまわりの種や亜麻の実などの種子をまぶすアレンジも豊富です。

ファインブロート

1. ミキシング	ℒ3分＋ℋ2分 こね上げ28℃
2. 分割・丸め	500g 丸形
3. 成形	なまこ形
4. 発酵	27℃ 80% 50分
5. 焼成	上260℃ 下230℃ 10分→上240℃ 下220℃ 合計約35分 蒸気：窯入れ後

配合（粉2kg仕込み*1）

フランスパン用粉（モンブラン）　50%（1000g）
ライ麦極細挽き粉（メールダンケル）　20%（400g）
ライ麦中挽き粉（アーレミッテル）　10%（200g）
塩　2%（40g）
モルト液*2　0.4%（8g）
サワー種　40%（800g）
生イースト　1.5%（30g）
水　約48%（約960g）

*1 サワー種の半量をライ麦粉として計算する。
*2 原液を同量の水（分量外）で溶いたもの。

1. ミキシング

ミキサーボウルに水、塩、モルト液、生イーストを入れ、泡立て器で混ぜる（a）。サワー種を加えて再び混ぜる（b）。粉を加え（c）、低速で3分、高速で2分こね、小麦粉のグルテンを最大限だす。ライ麦粉が5割混じっているため、べとっとして粘りが弱めの生地になる（d）。こね上げ温度28℃。

＊しっかりこねて小麦グルテンを最大限引き出すことが大切。ただしこね上げ温度は28℃を絶対に超えないこと。酸味が強くなってしまう。ミキシング以降の工程は、指定の時間を超えないように手際よく進める。発酵オーバーになると酸味が強くなり、生地の膨らみも悪くなる。

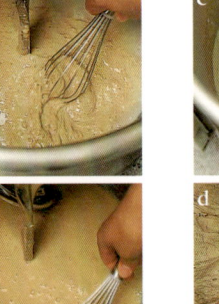

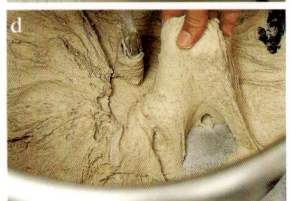

2. 分割・丸め

手粉（ライ麦粉）をふって生地を台にあけ、500gに分割し（e）、丸める（f）。

3. 成形

なまこ形に成形し、ライ麦粉の上を転がして全体に粉をまぶす（g）。とじ目を下にして、キャンバス地にひだで仕切って並べる。

ライ麦粉を50%配合することがファイン(ミッシュ)ブロートと呼ぶための条件(サワー種の半量はライ麦粉として算入できる)。つやがでるまでしっかりこねて小麦グルテンをだし、膜の薄い小さな気泡を無数にもつクラムをつくる。窯内でよく膨らむため、クープははっきり割れる。クラムの食感・風味とのバランスを考えるとクラストは厚くしすぎない方がいい。ライ麦の配合比率が高くなるにつれてクラストを厚くするのがサワー種パンの暗黙のルール。

4. 発酵

27℃・湿度80%で50分発酵させる(h)。

5. 焼成

取り板にのせてスリップピールに移し(i)、クープを斜めに7本入れる(j)。
上火260℃・下火230℃で、窯入れ後に多めに蒸気を入れ、10分焼いたら上火240℃・下火220℃に下げ、合計約35分焼く。
＊焼成中にかなり膨らむため、やや深めのクープを何本も入れる。クープが浅くて少ないと割れてしまう。

◎ひまわりの種とキャラウェイ入り

配合：ひまわりの種34%、キャラウェイシード0.51%を追加。
副材料の加え方：ミキシングの最終段階で加え、低速で1分弱混ぜる。
分割・丸め：400g 丸形
成形：なまこ形。水で湿らせたキッチンペーパーの上を転がして表面を湿らせてから黒ごま・白ごま・亜麻の実(ロースト)を混ぜたものをびっしりまぶす(k)。クープを斜めに5本入れる。左記4と同様に発酵。
焼成：5と同条件で合計約30分焼く。

◎フライドオニオン入り

配合：フライドオニオン11.7%を追加。
準備：フライドオニオンに水4.8%を加えてふやかしておく。
副材料の加え方：ミキシングの最終段階で加え、低速で1分弱混ぜる。
分割・丸め：100g 丸形
成形：指で中心に穴を開け、くるくる回してドーナツ形にし(l)、ライ麦粉をまぶす。左記4と同様に発酵。
焼成：クープを3本入れ、5と同条件で合計約20分焼く。

ロジーネン

Rosinenbrot

　ドイツではパンに混ぜる副材料のバリエーションがじつに豊富です。ドライフルーツ、フライドオニオン、クルミ、松の実、亜麻の実、キャラウェイシードなど、さまざまな風味と食感がパンをいっそう楽しいものにしています。またこうした副材料入りのパンは、ほとんどがライ麦粉を2～3割配合した生地でつくられているもの。その法則にならって私なりに考えたのがこのパンです。ロジーネンはドイツ語でレーズンの意。ふっくらもどしたグリーンレーズンのみずみずしさとコーンミールのかりかり感が奏でるハーモニーに、サワー種の腰のすわったコクが絶妙にからみます。

0. 準備	グリーンレーズン:浸水20分 ざる上げ10分
1. ミキシング	⒧3分+Ⓗ2分→レーズン⬇⒧2分 こね上げ28℃
2. 分割・丸め	200g 丸形
3. 成形	クッペ形
4. 発酵	27℃ 80% 50分
5. 焼成	⬆260℃⬇220℃ 約25分 蒸気:窯入れ後

配合(粉1kg仕込み*1)

フランスパン用粉(モンブラン)　70%(700g)
ライ麦極細挽き粉(メールダンケル)　15%(150g)
塩　2%(20g)
モルト液*2　1%(10g)
サワー種　30%(300g)
生イースト　1.5%(15g)
水　約52%(約520g)
グリーンレーズン　50%(500g)

●仕上げ
コーンミール

*1 サワー種の半量をライ麦粉として計算する。
*2 原液を同量の水(分量外)で溶いたもの。

0. 準備

ミキシング開始30分前にグリーンレーズンを水(分量外)に浸し、20分たったらざるに上げて10分間水気を切る

1. ミキシング

ミキサーボウルに水、塩、モルト液、生イーストを入れ、泡立て器で混ぜる。サワー種を加えて再び混ぜる。粉を加えて低速で3分、高速で2分こねる。かすかにつやがでてきたら(a)、準備したレーズンを加え(b)、低速で2分混ぜる。こね上げ温度28℃。

＊しっかりこねて小麦グルテンを最大限引き出すことが大切。ただしこね上げ温度は28℃を絶対に超えないこと。酸味が強くなってしまう。ミキシング以降の工程は、指定の時間を超えないように手際よく進める。発酵オーバーになると酸味が強くなり、生地の膨らみも悪くなる。

2. 分割・丸め

手粉(ライ麦粉)をふって生地を台にあけ、200gに分割する(c)。軽く丸める(d)。

3. 成形

クッペ形に成形する。水でぬらしたキッチンペーパーの上を転がして表面を湿らせ、コーンミールをまぶす(e)。とじ目を下にして、キャンバス地にひだで仕切って並べ、クープを斜めに6本入れる(f)。

4. 発酵

27℃・湿度80%で50分発酵させる(g)。

5. 焼成

スリップピールに移す。上火260℃・下火220℃で、窯入れ後に蒸気を多めに入れ、約25分焼く。

⑦サワー種でつくるドイツパン

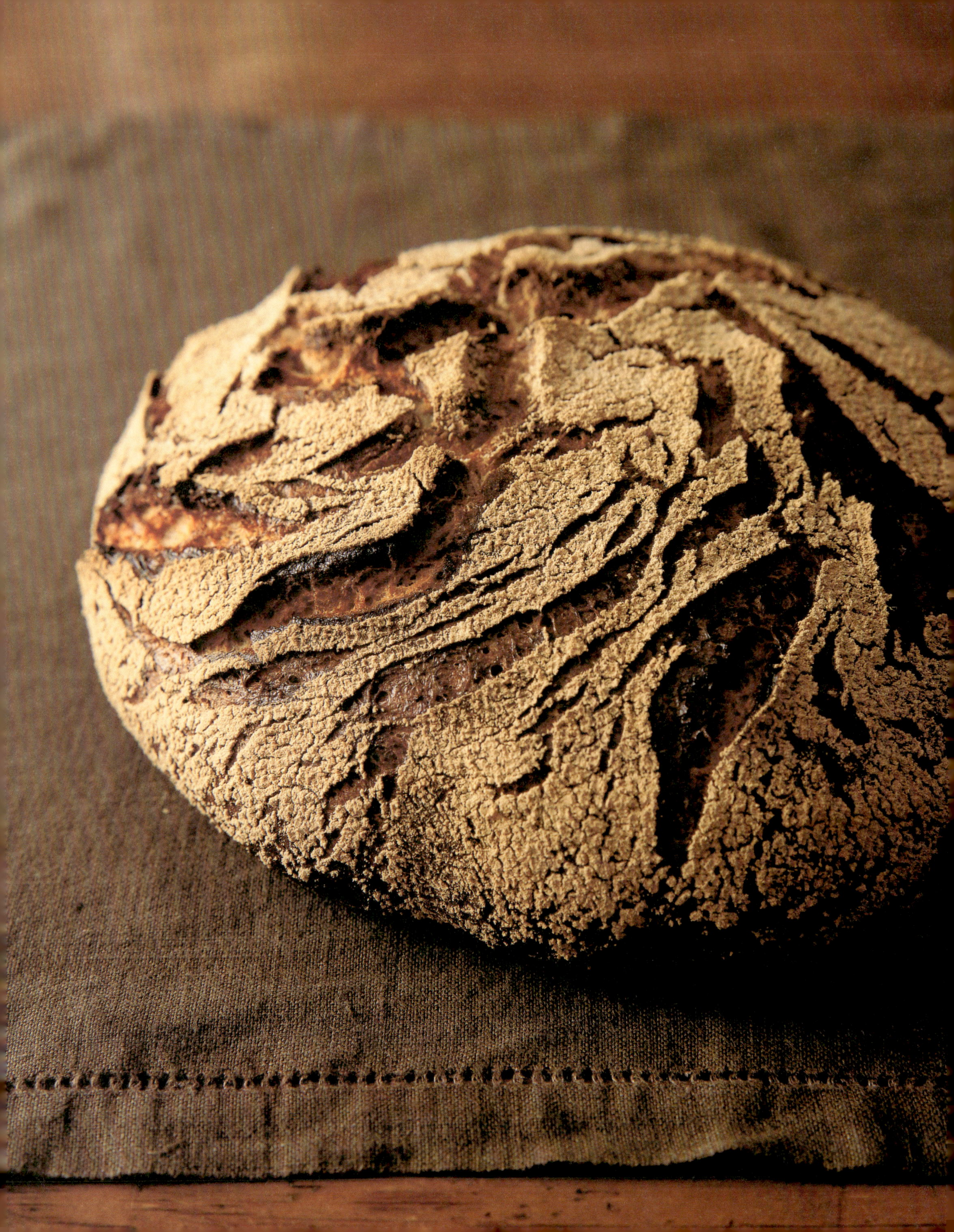

ロゼブロート

Rosenbrot

　見かけはごつごつしていかついけれど、中に隠れたクラムはしっとりとやさしい食感です。バラの花をモチーフにして、ドイツ語でバラを意味するロゼと名づけました。
　このパンの一番の特徴は、パン粉をたっぷり配合していることです。パン粉入りのパン？と不思議に思うかもしれませんが、ドイツでは残りもののパン（レストブロート）をパン粉にして配合する製法が古くから確立されています。フレッシュなパン粉は小麦粉の2〜3倍もの吸水力があり、保湿性に非常に優れ、クラムをしっとりと穏やかな食感にしてくれるばかりでなく、でんぷんの老化を遅らせて、日持ちもよくなります。食べものを無駄にせず、しかもパンの性質を高めることができる、再利用から次々に連鎖していくメリット。環境保護やリサイクルで世界をつねにリードするドイツは、パンづくりにおいても一歩先を行っているのです。

ロゼブロート

1. 中種	ⓛ2分+Ⓗ2分 こね上げ28℃ 26℃ 80% 18時間 pH4.1
2. 本ごね	ⓛ3分+Ⓗ2分 こね上げ28℃
3. 分割・丸め	1kg 丸形
4. 成形	丸形 籐かご(口径24.5×高さ8cm)
5. 発酵	27℃ 80% 50分
6. 焼成	⬆270℃⬇240℃ 10分→⬆240℃⬇220℃ 合計約50分 蒸気：窯入れ後

配合(粉約2kg仕込み)

●中種
ライ麦極細挽き粉(メールダンケル)　28%(560g)
生パン粉(フレッシュなもの)　3%(60g)
サワー種　1%(20g)
水　25.8%(516g)

●本ごね
中種　左記から1040gを使用
フランスパン用粉(モンブラン)　46.5%(930g)
ライ麦極細挽き粉(メールダンケル)　36%(720g)
生パン粉(フレッシュなもの)　17.5%(350g)
塩　2.2%(44g)
モルト液＊　0.4%(8g)
生イースト　1.75%(35g)
水　約63.5%(約1270g)

＊原液を同量の水(分量外)で溶いたもの。

1. 中種を仕込む

ミキサーボウルに水とサワー種を入れて泡立て器でよく混ぜる(a)。粉と生パン粉を加えて低速で2分混ぜ、高速で2分こねる(b)。こね上げ温度28℃。ボウルに移してラップフィルムをかけ、26℃・湿度80%で18時間発酵させる(c)。発酵後pH4.1。ここから1040gを使用する(10g前後多めにできる)。
＊こね上げ温度が28℃を超えないように注意する。

2. 本ごね

1の中種はかたくて混ぜにくいため、あらかじめ水、モルト液と合わせてほぐし混ぜておく。これをミキサーボウルに入れ、塩、生イーストを加えて泡立て器で混ぜる(d)。粉と生パン粉を加えて低速で3分、高速で2分こねる(e)。こね上げ温度28℃。
＊しっかりこねて小麦のグルテンを最大限引き出すことが大切。ただしこね上げ温度は28℃を絶対に超えないこと。酸味が強くなってしまう。ミキシング以降の工程は、指定の時間を超えないように手際よく進める。発酵オーバーになると酸味が強くなり、生地の膨らみも悪くなる。

小麦粉を約5割配合してグルテンを最大限引き出し、適度にボリュームをだして気泡をたくさんつくる。食パンやバゲットなどのフレッシュなパン粉をたっぷり配合することで、みずみずしくソフトなクラムができ、その水分を保護するために高温で焦げるぎりぎりまで焼いて頑丈なクラストをつくる。パン粉の保湿効果により賞味期限は長い。焼成日から3日間販売でき、1週間は風味よく食べられる。水分が多いため、焼成当日はスライスできない。

3. 分割・丸め

手粉(ライ麦粉)をふって生地を台にあけ、1kgに分割する(f)。軽く丸める(g)。

4. 成形

籐かご(口径24.5×高さ8cm)に目の粗い麻布を敷き、茶漉しでライ麦粉をふっておく。
生地をとじ目を下にして置き、両手を添えて大きな円を描くように動かし(h)、底面を写真のようにバラの花のような形にする(i)。バラの面を下にしてかごに入れ、上にもライ麦粉をふる(j)。

5. 発酵

27℃・湿度80%で50分発酵させる(k)。

6. 焼成

かごを逆さにして生地をスリープピールにあける(l)。
上火270℃・下火240℃で、窯入れ後に蒸気を多めに入れて10分焼き、上火240℃・下火220℃に下げ、合計約50分焼く。
＊窯入れ時の温度を高めに設定して頑丈なクラストをつくる。クラストがしっかりしていれば、しっとりと水分を含んだクラムを保護できる。

フロッケンセザム

Flocken-Sesam

　ライ麦をローラーで圧しつぶしたフレーク状の押し麦を配合したパンです。ドイツでは生地に混ぜ入れたり、仕上げにふりかけるなど多用されていますが、日本ではまだなじみの薄い食材です。湯でもどして焼き込むと、もち米のようなむっちりとした食感になります。ドイツパンが苦手な方にも受け容れられやすいようレーズンとクルミを多めに混ぜ入れて、味わいやすくしました。薄くスライスして、クリームチーズと合わせるのがおすすめです。

0. 準備	ライフレーク：湯(80℃)で3時間ふやかす クルミ・レーズン：浸水20分 ざる上げ10分
1. ミキシング	L2分→L3分+H90秒→副材料↓L90秒 こね上げ28℃
2. 分割・丸め	700g 丸形
3. 成形	円柱形 角型(19×6.5×高さ8cm)
4. 発酵	27℃ 80% 50分
5. 焼成	上270℃下240℃ 10分→上240℃下220℃ 合計約50分 蒸気：窯入れ後

配合(粉2kg仕込み＊)

ライフレーク　26%(520g)
湯(80℃)　33.6%(672g)
フランスパン用粉(モンブラン)　20%(400g)
ライ麦細挽き粉(アーレファイン)　15%(300g)
小麦全粒粉(シュタインマーレン)　10%(200g)
塩　2%(40g)
サワー種　50%(1000g)
生イースト　1.5%(30g)
水　28%(560g)

クルミ(ローストしたもの)　30%(600g)
レーズン　30%(600g)

●仕上げ
煎り白ごま

＊サワー種の半量をライ麦粉として計算する。

0. 準備

ボウルにライフレークを入れて分量の湯(80℃)を注ぎ、ラップフィルムを密着させてかぶせ、室温で3時間ふやかす(a)。クルミとレーズンは、ミキシング開始30分前に水(分量外)に浸し、20分たったらざるに上げて10分間水気を切る。

1. ミキシング

ミキサーボウルに水、塩、生イーストを入れ、泡立て器で混ぜる。サワー種、ふやかしたライフレークを加え、低速で2分ほど混ぜてライフレークをざっとつぶす。粉を加えて低速で3分、高速で90秒こねる(b)。クルミとレーズンを加えて低速で90秒こねる。クルミとレーズンが全体に散らばり、クルミが軽く砕ける程度が混ぜ上がりの目安(c)。こね上げ温度28℃。
＊こね上げ温度は28℃を絶対に超えないこと。酸味が強くなってしまう。ミキシング以降の工程は、指定の時間を超えないように手際よく進めることが大切。発酵オーバーになると酸味が強くなり、生地の膨らみも悪くなる。

2. 分割・丸め

手粉(ライ麦粉)をふって生地を台にあけ、700gに分割し(d)、軽く丸める(e)。

3. 成形

円柱形に成形し、とじ目に指で穴を開けて目印にする(f)。水でぬらしたキッチンペーパーの上を転がして表面を湿らせ、白ごまを隅々までびっしりまぶす(g)。とじ目を下にして角型(19×6.5×高さ8cm)に入れ、型を重ねて型底で押して表面を平らにする(h)。

4. 発酵

27℃・湿度80%で50分発酵させる(i)。

5. 焼成

スリップピールに並べる。上火270℃・下火240℃で、窯入れ後に蒸気を多めに入れ、10分焼いたら扉を開けて上火240℃・下火220℃に温度を下げ、扉を閉めて合計約50分焼く。

ラインザーメン
Leinsamenbrot

　ラインザーメン——亜麻の実(亜麻仁、フラックスシード)をたっぷり配合したドイツの定番パンをご紹介しましょう。亜麻の実はごまによく似ていますが、ごまをはるかに上回る高い栄養価を誇り、ドイツでは古くから食されてきたそうです。ライ麦粉、サワー種、亜麻の実、水を混ぜた生地を発酵させて中種をつくるのが本来の製法ですが、湿度の高い日本では雑菌繁殖の危険があるためにそれができません。そこで高温の湯を用いて、発酵種を使わずに短時間で発酵させる手法を考えました。ぷわんとした弾力と、口いっぱいに広がる亜麻の実の香ばしさ。バターとの好相性はいうまでもなく、和の食卓にもなじむおつな味です。

1. 中種	湯(85℃)を混ぜる→26℃ 80% 2時間
2. 本ごね	L6分 こね上げ28℃
3. 分割・丸め	500g 丸形
4. 成形	クッペ形
5. 発酵	27℃ 80% 50分
6. 焼成	上270℃下240℃ 10分→上250℃下220℃ 合計約33分 蒸気：窯入れ後

配合(粉2kg仕込み*1)

●中種
ライ麦中挽き粉(アーレミッテル) 20%(400g)
亜麻の実(ローストしたもの) 10%(200g)
湯(85℃) 40%(800g)

●本ごね
中種　上記全量
フランスパン用粉(モンブラン) 40%(800g)
ライ麦極細挽き粉(メールダンケル) 5%(100g)
塩　2%(40g)
サワー種　50%(1000g)
生イースト　2%(40g)
水　10%(200g)

●仕上げ
黒ごま、白ごま、亜麻の実(ローストしたもの)*2

*1 サワー種の半量をライ麦粉として計算する。
*2 上記3種子を1:2:2の割合で混ぜておく。

1. 中種を仕込む

本ごね2時間前に中種を仕込む。ボウルに粉と亜麻の実を入れ、分量の湯(85℃)を加えて粉気がなくなるまでゴムべらで混ぜる。表面をなめらかに丸くならし、ラップフィルムを生地に密着させてかぶせ、26℃・湿度80%で2時間発酵させる(a)。

2. 本ごね

ミキサーボウルに水、塩、生イーストを入れ、泡立て器で混ぜる。サワー種、1の中種を加えて再び混ぜる。粉を加えて低速で6分こねる(b)。こね上げ温度28℃。

＊こね上げ温度は28℃を絶対に超えないこと。酸味が強くなってしまう。ミキシング以降の工程は、指定の時間を超えないように手際よく進めることが大切。発酵オーバーになると酸味が強くなり、生地の膨らみも悪くなる。

3. 分割・丸め

手粉(ライ麦粉)をふって生地を台にあけ、500gに分割し(c)、しっかり丸める(d)。

4. 成形

クッペ形に成形する。強めの力で生地同士をしっかりくっつけること(e)。水でぬらしたキッチンペーパーの上を転がして表面を湿らせ、2種類のごまと亜麻の実を混ぜたものをびっしりまぶす(f)。

5. 発酵

とじ目を下にして、キャンバス地にひだで仕切って並べる。27℃・湿度80%で50分発酵させる。

6. 焼成

取り板にのせてスリップピールに移し(g)、波歯ナイフで1cm深さのクープを斜めに7本入れる(h)。
上火270℃・下火240℃で、窯入れ後に蒸気を多めに入れ、10分焼いたら扉を開け、上火250℃・下火220℃に温度を下げて、扉を閉めて合計約33分焼く。

⑦サワー種でつくるドイツパン

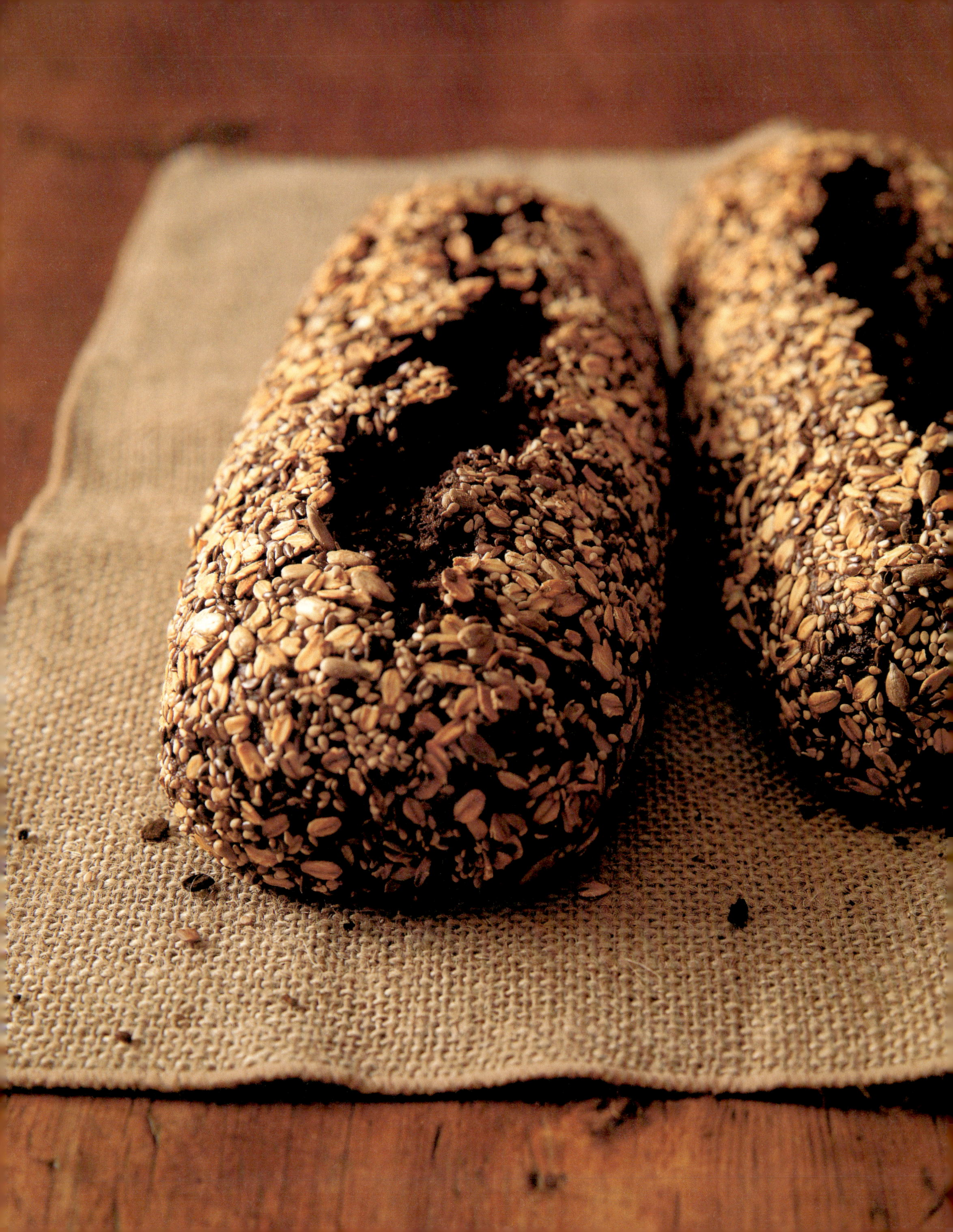

ロッゲンフォルコン

Roggenvollkornbrot

　ドイツはハンブルクの郊外にある〈ベッカライハインツ〉のマイスター、ヒンテルマン氏の下で研修したときに教わった、氏のスペシャリテです。ドイツオリジナルのレシピが気候風土の異なる日本、食習慣や体質の異なる日本人にフィットするかどうかはさておき、本場のライ麦パンの真髄を知るために、ぜひ一度味わっていただきたいパンです。

　配合表を見ていただけばわかる通り、粉は使いません。厳密にいえばサワー種にライ麦粉が含まれますが、主材料はフレーク状のライ麦とパン粉だけ。粉を使わない製法など初めての体験でした。色はシュヴァルツブロート（炊いたライ麦をたっぷり焼き込むライ麦100％の黒パン）並みの黒さですが、パン粉を使用するからか、シュヴァルツブロートとはまた違った風合いです。シュヴァルツの方はもろもろした食感があるのに対し、こちらはライ麦のもっちり感にパン粉の保湿性が重なって、まるでパテのようなねっとりと濃いコク。それをたっぷりのミックスシードで包むように覆って香ばしく焼き上げます。ライ麦は栄養価が高いだけではなく、腹持ちも申し分なく、そのうえ消化の段階で身体を活性化して温めてくれるそうです。寒い国の知恵と経験の息づく一品です。

ロッゲンフォルコン

0. 準備	ライフレーク：湯(50℃)で2時間ふやかす
1. ミキシング	L1分→L1分→L1分→L2分 こね上げ28℃
2. 分割	1kg 丸形
3. 成形	円柱形
4. 発酵	27℃ 80% 40分
5. 焼成	⬆250℃⬇230℃ 10分→⬆230℃⬇220℃ 合計約60〜70分 蒸気：窯入れ後

配合(粉約2kg仕込み)

ライフレーク　98%(1960g)
湯(50℃)　102.2%(2044g)
塩　3.2%(64g)
サワー種　110%(2200g)
生イースト　1%(20g)
カラメル　7%(140g)
ローストパン粉　約40%(約800g)

●仕上げ

ライフレーク
ミックスシード＊

＊ライフレーク、大麦の押し麦、ごま、亜麻の実(ローストしたもの)、ひまわりの種を混ぜたもの。

0. 準備

ボウルにライフレークを入れて分量の湯(50℃)を注ぎ、ラップフィルムを密着させてかぶせ、室温で2時間ふやかす(a)。
＊ライフレークの粒々した食感が多少残るように仕上げるには、湯は50℃程度がちょうどよい。温度を上げすぎるとやわらかくなりすぎて、ミキシング中につぶれて団子状になり、火通り、口溶けともに悪くなる。

1. ミキシング

ミキサーボウルに準備したライフレークを入れ、低速で1分回して少々つぶす(b)。サワー種を加え(c)、低速で1分混ぜる。塩、カラメル、生イーストを加え(d)、低速で1分混ぜる。ローストしたパン粉を生地の状態を見つつ加え(e)、低速で2分こねる。まったくつながらない、ぼそぼそした生地になる(f)。こね上げ温度28℃。
＊パン粉の量で生地のかたさを調節する。

2. 分割

生地を台にのせ、1kgに分割し(g)、丸める(h)。

ライフレークはミキシング時に多少つぶれるが、半量以上が丸のまま米粒状に焼き残る。クラムに気泡がほとんど入らないのは小麦粉が配合されていないから。パン粉の保水性により、クラムはまるでパテのようにねっとりとして重量感がある。グルテンがないのでまったく窯のびせず、焼成中にクラスト上部がぱっくり大きく割れる。気泡がないということは火が通りにくいことを意味し、焼成には1時間以上かかる。

3. 成形

円柱形に成形し、とじ目に穴を開けて目印にする(i)。水でぬらしたキッチンペーパーの上を転がして表面を湿らせ、ミックスシードをびっしりまぶす(j)。とじ目を下にして、キャンバス地にひだで仕切って並べ、細い棒や箸で穴を等間隔に5つ開ける(k)。

＊穴を開けて火通りをよくする。

4. 発酵

27℃・湿度80%で40分発酵させる。

5. 焼成

生地を取り板にのせてスリップピールに移す(l)。上火250℃・下火230℃で、窯入れ後に蒸気を多めに入れ、10分焼いたら上火230℃・下火220℃に下げて合計約60〜70分焼く。

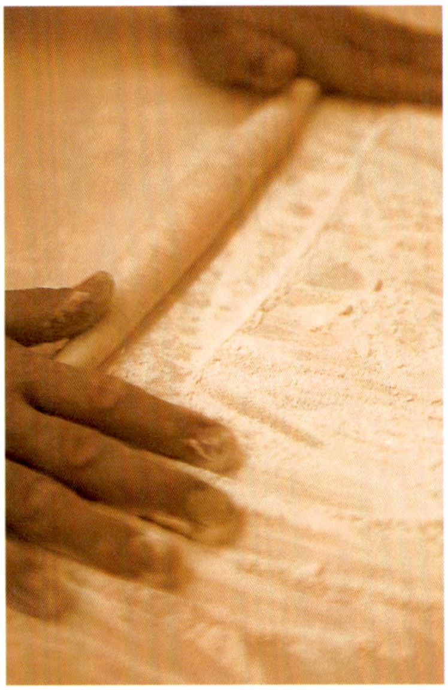

8

レーズン種でつくるパン

パン オリーブ
Pain aux olives

　単なるオリーブ入りのパンではなく、オリーブの風味そのものをパンの形にするつもりでつくりました。食事パンとしての役割を担える限界量の、尋常ではない量のオリーブが入っています。生地もその強さを受けとめられるだけの強いもの――全粒粉とライ麦粉を配合したハードな生地です。まろやかな甘みのレーズン種は、発酵のための酵母であると同時に、味づくりの一要素でもあり、オリーブの塩気と油分のバランスを取ってくれます。ワインによく合い、ジューシィなオリーブを使えば前菜がわりにもなります。

1. ミキシング	⬇4分→オリーブ⬇L2分 こね上げ18〜20℃
2. 低温長時間発酵	18℃ 80% 16時間 膨倍率1.1〜1.2倍
3. 分割・丸め	150g くるくる2回巻き
4. 成形	なまこ形
5. 最終発酵	27℃ 80% 1時間
6. 焼成	上250℃ 下210℃ 約25分 蒸気：窯入れ後

配合(粉1kg仕込み)

フランスパン用粉(リスドオル)	40%(400g)	黒オリーブ(種抜き) 40%(400g)
フランス産小麦粉(タイプ65)	30%(300g)	
小麦全粒粉(シュタインマーレン)	20%(200g)	＊原液を同量の水(分量外)で溶いたもの。
ライ麦中挽き粉(アーレミッテル)	10%(100g)	
A 塩	1.8%(18g)	
モルト液＊	0.4%(4g)	
レーズン種	6%(60g)	
水	約58%(約580g)	

1. ミキシング

ミキサーボウルにAの材料を入れて泡立て器で混ぜる(a)。粉を加えて低速で4分こね、オリーブを加え(b)、低速で2分混ぜる。こね上げ温度18〜20℃。
＊オリーブが混ざりにくければ、手で補助的に混ぜて全体に行き渡らせる。

2. 低温長時間発酵

生地をまとめて生地箱かボウルに入れ(c)、18℃・湿度80%で16時間発酵させる(d)。
＊膨らませることを意図した配合ではないため、膨倍率は1.1〜1.2倍ほど。

3. 分割・丸め

手粉(ライ麦粉)をたっぷりふって生地を台にあける。グルテンの網目組織がわずかに形成されている(e)。150gに分割し、手前からくるくると巻く(f)。26℃・湿度80%で20分休ませる。

4. 成形

平らにつぶしてからなまこ形に成形する(g)。キャンバス地にひだで仕切って並べる。クープを斜めに4本入れる(h)。

5. 最終発酵

27℃・湿度80%で1時間発酵させる。

6. 焼成

茶漉しでライ麦粉をふり(i)、スリップピールに移す。
上火250℃・下火210℃で、窯入れ後に蒸気を多めに入れ、約25分焼く。

◎**プチパン**

分割・丸め：40g 丸形
成形：丸形　クープを1本入れる(h右)。
焼成：6と同条件で約18分焼く。その他の工程は左記と同様。

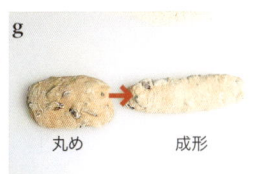

⑧レーズン種でつくるパン

ロワニョン

Roasted onion rolls

　ドイツでは、フライドオニオンを生地に練り込んだツヴィーベルブロートがどんな店にも並んでいます。甘く香ばしい玉ねぎの風味は、じつに食欲をそそるもの。そんなドイツ人のアイデアにヒントを得て、私なりにアレンジしたのがこのパンです。バゲットのようにひきの強いハードな生地に、玉ねぎの風味を"だし"として効かせ、ブイヨンで味つけ。レーズン種の甘みが絶妙な隠し味になります。フィレアンチョビを1枚丸ごと巻き込んだアレンジタイプは、まさに酒の肴。パンの域を超えた味わいです。

1. ミキシング	ⓛ4分＋ⓗ2分 こね上げ20℃
2. 低温長時間発酵	20℃ 80% 14時間
3. 分割・丸め	アンチョビ入り：80g くるくる2回巻き プチパン：40g 丸形
4. 成形	アンチョビ入り：なまこ形 プチパン：丸形
5. 最終発酵	27℃ 80% 90分
6. 焼成	ⓤ250℃ⓛ200℃ アンチョビ入り：約25分 プチパン：約20分 蒸気：窯入れ前後

配合(粉1kg仕込み)

- 強力粉(スリーグッド) 50%(500g)
- フランス産小麦粉(タイプ65) 40%(400g)
- 小麦全粒粉(シュタインマーレン) 10%(100g)
- A
  - 塩 1.3%(13g)
  - モルト液* 0.4%(4g)
  - ブイヨン(粉末) 1.2%(12g)
  - レーズン種 7%(70g)
  - フライドオニオン 10%(100g)
  - 水 約68%(約680g)
- フィレアンチョビ 適量

*原液を同量の水(分量外)で溶いたもの。

1. ミキシング

ミキサーボウルにAの材料を入れて泡立て器で混ぜる(a)。粉を加えて低速で4分、高速で2分こねる(b)。こね上げ温度20℃。
＊この生地はほとんどつながらず、べちゃっとしていてよい。

2. 低温長時間発酵

生地箱に入れて、20℃・湿度80%で14時間発酵させる。

3. 分割・丸め

手粉をふって生地を台にあける。グルテンの網目組織がわずかに形成されている(c)。アンチョビ入り用は80gに分割して手前からくるくると巻き、プチパン用は40gに分割して丸める(d)。26℃・湿度80%で15分休ませる。

4. 成形

アンチョビ入り用は生地を軽く押さえて平らにし、手前から1/3を折りたたんで油を切ったフィレアンチョビをのせ(e右)、アンチョビを包むように反対側から半分にたたんで生地同士をしっかりくっつけ、なまこ形にする(e左)。プチパン用は丸め直す。
＊アンチョビはキッチンペーパーで油をよく切っておく。

5. 最終発酵

キャンバス地にひだで仕切って並べ、27℃・湿度80%で90分発酵させる(f)。

6. 焼成

スリップピールに移し、アンチョビ入りにクープを斜めに3本入れる(g)。プチパンにはクープを1本入れる。
上火250℃・下火200℃で、蒸気は窯入れ前に少々、窯入れ後に多めに入れ、アンチョビ入りは約25分、プチパンは約20分焼く。

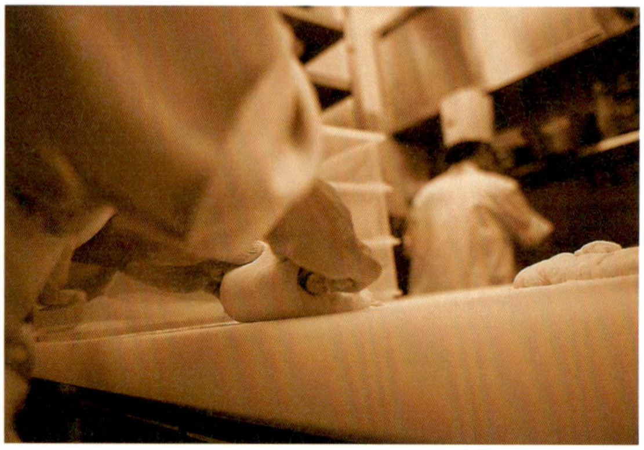

9

イースト、発酵種を
さまざまに組み合わせてつくるパン

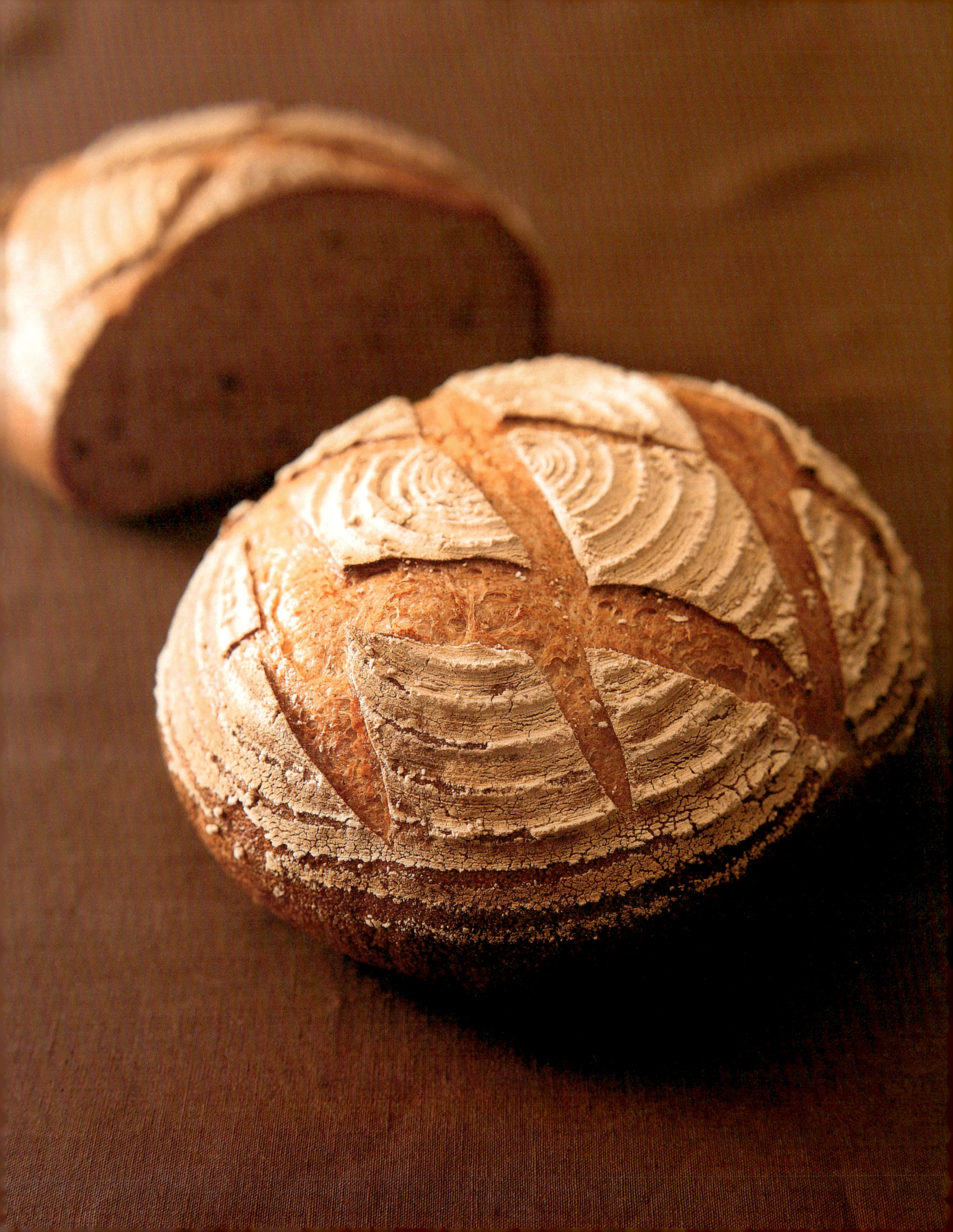

パン ド カンパーニュ

Pain de campagne

　日々の食卓のためのパンとして長きにわたって焼き継がれてきたパン ド カンパーニュ。その長い歴史ゆえ、数えきれないほどのレシピが存在します。地方によって、もっといえば職人ひとりひとりによって配合が変わり、私も自分なりに解釈してこのレシピを考えました。

　レーズン種で発酵させ、ライ麦を20%配合したため、クラストは甘みがあり、クラムはしっとりと重め、腰のすわった深いコクが持ち味です。熟成感のある酸味を加えるために、わずかながらサワー種も加えています。少しドイツ的な要素をひそませたかったのがその理由ですが、フランスらしさを追求したいのならルヴァン種に置き換えるとよいでしょう。

　一般的にパン ド カンパーニュはミキシングを控えるというイメージがありますが、私のこのレシピはライ麦粉を配合した風味の強い生地ですから、つやがでるまでしっかりこねてグルテンをだし、ボリュームを大きくした方が食べたときにおいしいのです。また、発酵中に生じる熟成香を含んだガスを生地内に封じ込める意味でも、グルテン組織の存在は重要です。

パン ド カンパーニュ

1. ミキシング	ⓛ3分+ⓗ5分 こね上げ25℃
2. 低温長時間発酵	21℃ 80% 16時間 膨倍率約2倍
3. 分割・成形	800g 丸形 籐かご(口径24.5×高さ8cm)
4. 最終発酵	26℃ 80% 3時間
5. 焼成	ⓤ235℃ ⓓ215℃ 約35分 蒸気:窯入れ後

配合(粉2kg仕込み)

フランスパン用粉(モンブラン)	40%(800g)
フランス産小麦粉(ムールドピエール)	20%(400g)
フランス産小麦粉(タイプ65)	20%(400g)
ライ麦中挽き粉(アーレミッテル)	10%(200g)
ライ麦細挽き粉(アーレファイン)	10%(200g)

A
- 塩 2.1%(42g)
- モルト液* 0.4%(8g)
- レーズン種 3%(60g)
- サワー種 0.1%(2g)
- 水 約60%(約1200g)

*原液を同量の水(分量外)で溶いたもの。

1. ミキシング

ミキサーボウルにAの材料を入れて泡立て器で混ぜる(a)。粉を加え(b)、低速で3分、高速で5分こねる。つやのある、のびのよい生地になる(c)。こね上げ温度25℃。

＊一般的にパン ド カンパーニュはグルテンを強くださないというイメージがあるが、発酵中に発生するガス(風味豊かな香り)をパンの風味として生かすのであれば、ガスを封じ込めるためのグルテンが必要。だからここではしっかりこねてつなげている。目安は生地のつやができるまで。

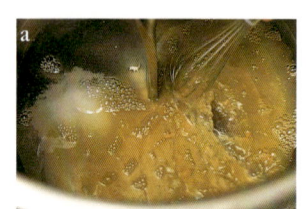

2. 低温長時間発酵

生地をまとめて生地箱に入れる(d)。21℃・湿度80％で16時間発酵させる。膨倍率約2倍(e)。

3. 分割・成形

手粉(ライ麦粉)をふって生地を台にあけ、800gに分割する(f)。籐かご(口径24.5×高さ8cm)に茶漉しでライ麦粉を多めにふっておく。生地内部のガスを抜かないように、表面だけを張らせて丸め、とじ目を上にしてかごに入れる(g)。

＊発酵中に発生したガスにはさまざまな香りが含まれており、それらもパンの風味の一部。分割・成形ではそのガスをできるだけ逃さず、窯入れまで封じ込めておく。

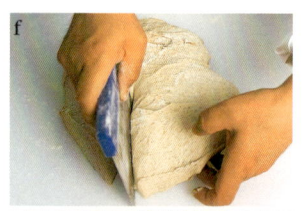

レーズン種に含まれる糖分がクラストを甘く香ばしくし、クラムの色もやや濃くする。しっかりこねてグルテンをだしたら、あとはできるだけ生地に触れずに発生したガス（香り）を生地内にとどめる。風味の強い生地なので、クープの本数を多くしてボリュームをだし、クラムに粗めの気泡を混じらせる。窯内で生地をストレスなくのばすことができていれば、クラストは気泡混じりの薄いものになる。

4. 最終発酵

26℃・湿度80%で3時間発酵させる(h)。

5. 焼成

かごを逆さにして生地をスリップピールにあけ、クープを平行に3本入れ、ダイヤ形の格子模様になるようにさらに3本入れる(i)。
上火235℃・下火215℃で、窯入れ後に蒸気を多めに入れ、約35分焼く。

＊グルテンを強めにだしてあるため、オーヴンキック（焼成中にのびようとする力）が強く、クープの本数を多くしないとはじけてしまう。

◎バゲット形

分割・丸め：350gの長方形に分割し、手前からくるくる2回巻く。
成形：26℃・湿度80%で15分休ませた後、バゲット形に成形。
最終発酵：キャンバス地にひだで仕切って並べ、27℃・湿度80%で1時間30分発酵。
焼成：ライ麦粉をふり、クープをバゲット(P.43)のように5本入れる（約1cm深さ）。上火260℃・下火200℃で、窯入れ後に蒸気を多めに入れて、約20分焼く。

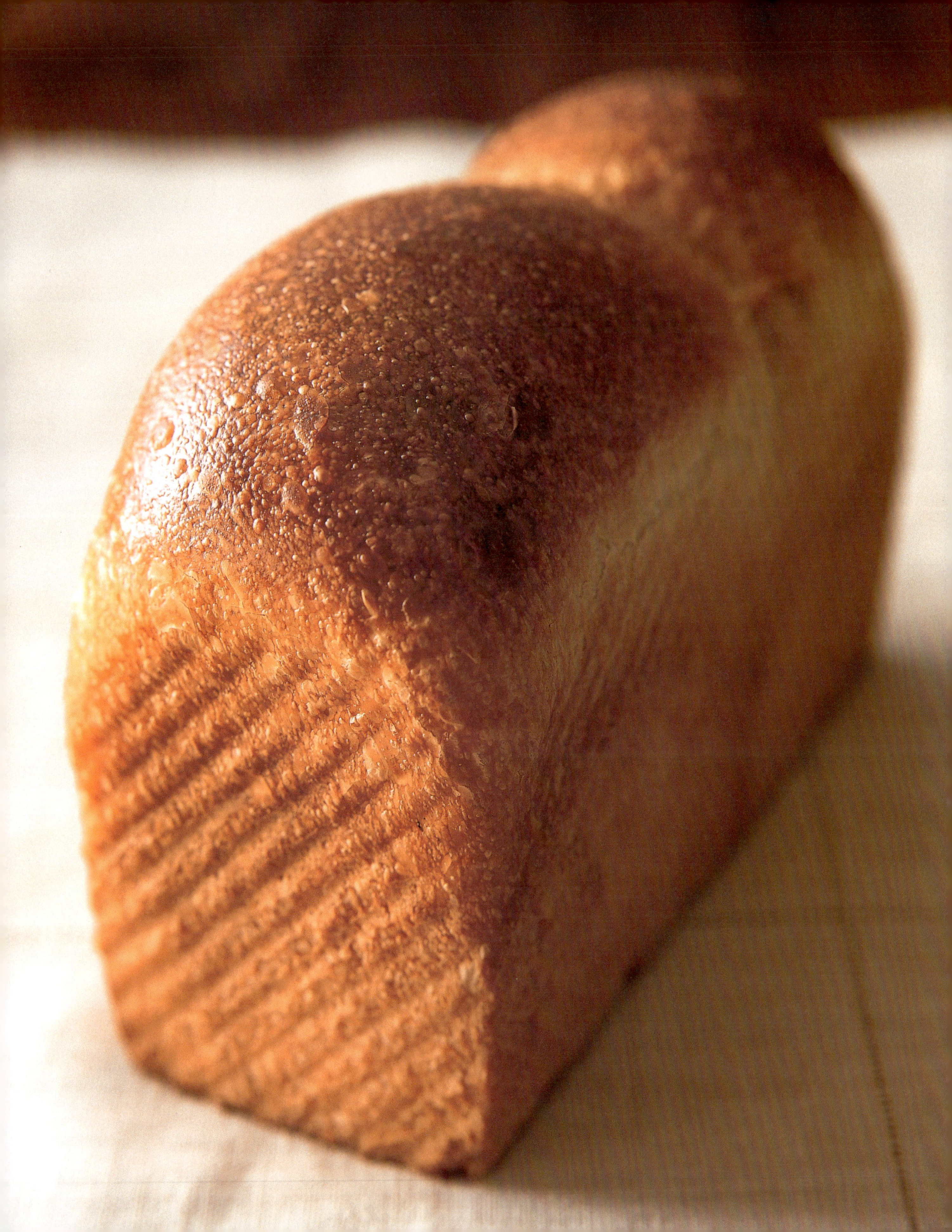

ハードトースト

Hard toast

　トーストしたときのさくっという歯ざわりがとびきり小気味よく、噛みしめるほどに滋味を感じる、そんな毎日食べても飽きない食パンです。このパンには小麦以外に、食品アレルギー物質(特定原材料)を使用していません。バター、牛乳など、生地をソフトにする副材料を配合しなくても、ふかっとボリュームのある、軽く、しっとりした食パンをつくれることを示したかったのです。

　酵母はホップ種とレーズン種の組み合わせ。ホップ種は適度にボリュームをだし、また適度にしっとりさせることもできる食パンにもっとも適した酵母だといえます。レーズン種を併用したのは、その糖分が生地に自然な甘みを与えてくれるから。側面に斜線状の凹凸を施した型は、熱伝導に優れ、その効果も手伝ってクラストは薄いながらもかりっと香ばしく焼き上がり、甘い風味が格別です。

　軽さのなかに、噛んで味わうための少しばかりのひっかかりがほしかったので、一般的な強力粉の倍の灰分(ミネラル)を含む石臼びき粉を配合しました。全粒粉でつくるイギリスのグラハムブレッドとまではいかなくても、歯ごたえ、風味ともに確実に増します。上に膨らむ力を強くするには、グルテンを最大限だすことに尽きます。ただしミキサーの力は全能ではありません。生地表面のグルテンを張らせながら、折りたたんで生地組織を積み上げていく手作業が、足(横に膨らむ力)と腰(上に膨らむ力)の両方をだすのです。クラムもクラストもひきが強めですが、トーストするとさくっと軽やかになります。

ハードトースト

1. ミキシング	ℒ5分＋ℋ3分 こね上げ22〜23℃
2. ボリュームアップ	三つ折り×4回
3. 低温長時間発酵	20℃ 80% 15時間 膨倍率約3倍 pH5.4
4. 分割・丸め	400g×2個 丸形
5. 成形	丸形×2個 角型(24×8.5×高さ12cm)
6. 最終発酵	27℃ 80% 3時間
7. 焼成	上190℃ 下200℃ 約50分 蒸気：窯入れ前後

配合(粉3kg仕込み)

強力粉(スリーグッド) 70%(2100g)
強力粉(ベチカ) 25%(750g)
強力粉(グリストミル) 5%(150g)

A ┌ 塩　2.1%(63g)
　 ├ モルト液＊ 1%(30g)
　 ├ ホップ種 4%(120g)
　 ├ レーズン種 2%(60g)
　 └ 水　約68%(約2040g)

＊原液を同量の水(分量外)で溶いたもの。

1. ミキシング

ミキサーボウルにAを入れて泡立て器で混ぜる(a)。粉を加え(b)、低速で5分、高速で3分こねてグルテンをしっかりだす(c)。こね上げ温度22〜23℃。生地をまとめて生地箱に入れ、26℃・湿度80%で10分休ませる。

＊ボリュームをだすために、よくこねてグルテンを十分にだしておく。

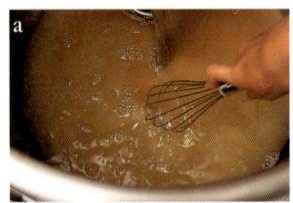

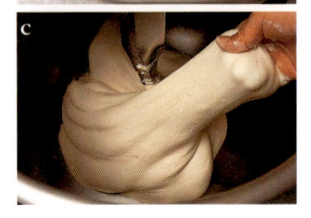

2. ボリュームアップ

手粉をふって生地を台にあけ、三つ折りを4回行う。四隅を引っ張って四角形に整え、左右からぐいっと引っ張りながら1/3ずつ折りたたみ、下からも同様に引っ張って1/3たたみ(d)、上からも1/3たたむ。平らにならしてから再び四隅を引っ張って四角形にし、同様に左右、下、上から引っ張りながら三つ折りにする(e)。しっかりと張りのある、ぷくんと盛り上がった生地になる。

＊強めに引っ張ってたたむことで、生地の張り(グルテン)を最大限だし、ガスをしっかり封じ込めてボリュームを目いっぱいだす。

3. 低温長時間発酵

たたみ終わりを下にして生地箱に入れ(f)、20℃・湿度80%で15時間発酵させる(g)。膨倍率約3倍。発酵後pH5.4。

細長くのびやかな大小の気泡が、クラムにもクラストにも多数入るのがこのパンの特徴。この構造は、しっかりこねてグルテンをだした生地を表面を張らせながら何度も折りたたむことで生まれる。熱にゆっくり反応する自然発酵種(ホップ種、レーズン種)を用いた窯のびのよい生地を、凹凸を施して表面積を広くした熱伝導のよい型で焼くと、クラストは薄いにもかかわらず焼き色が濃く、香ばしくなる。

4. 分割・丸め

手粉をふって生地を台にあける。グルテンの網目組織が細かく形成されている(h)。400gに分割し、内部のガスを抜かないように、表面だけを張らせて丸める(i)。キャンバス地に並べ、26℃・湿度80%で40分休ませる。

＊ガスを抜かないようにふわっと軽く扱うが、表面だけは張らせる。

5. 成形

4と同じ要領でガスを抜かずに、表面を張らせて丸め直す(j)。ゆるまないように、とじ目はしっかりくっつける。とじ目を下にして角型(24×8.5×高さ12cm)に2個並べ入れる(k)。

6. 最終発酵

27℃・湿度80%で3時間発酵させる(l)。

7. 焼成

スリップピールに並べる。上火190℃・下火200℃で、蒸気は窯入れ前に少々、窯入れ後に型に水滴がつくくらいに入れ、約50分焼く。焼き上がったらすぐに型から出す。

＊ここでは焼き色を強くするために、側面に斜線状の凹凸をつけて表面積を大きくした型を使用。このような型を使用すると火通りがよくなり、クラストに香ばしさが加わるだけでなく、ケービング(腰折れ)も防げる。

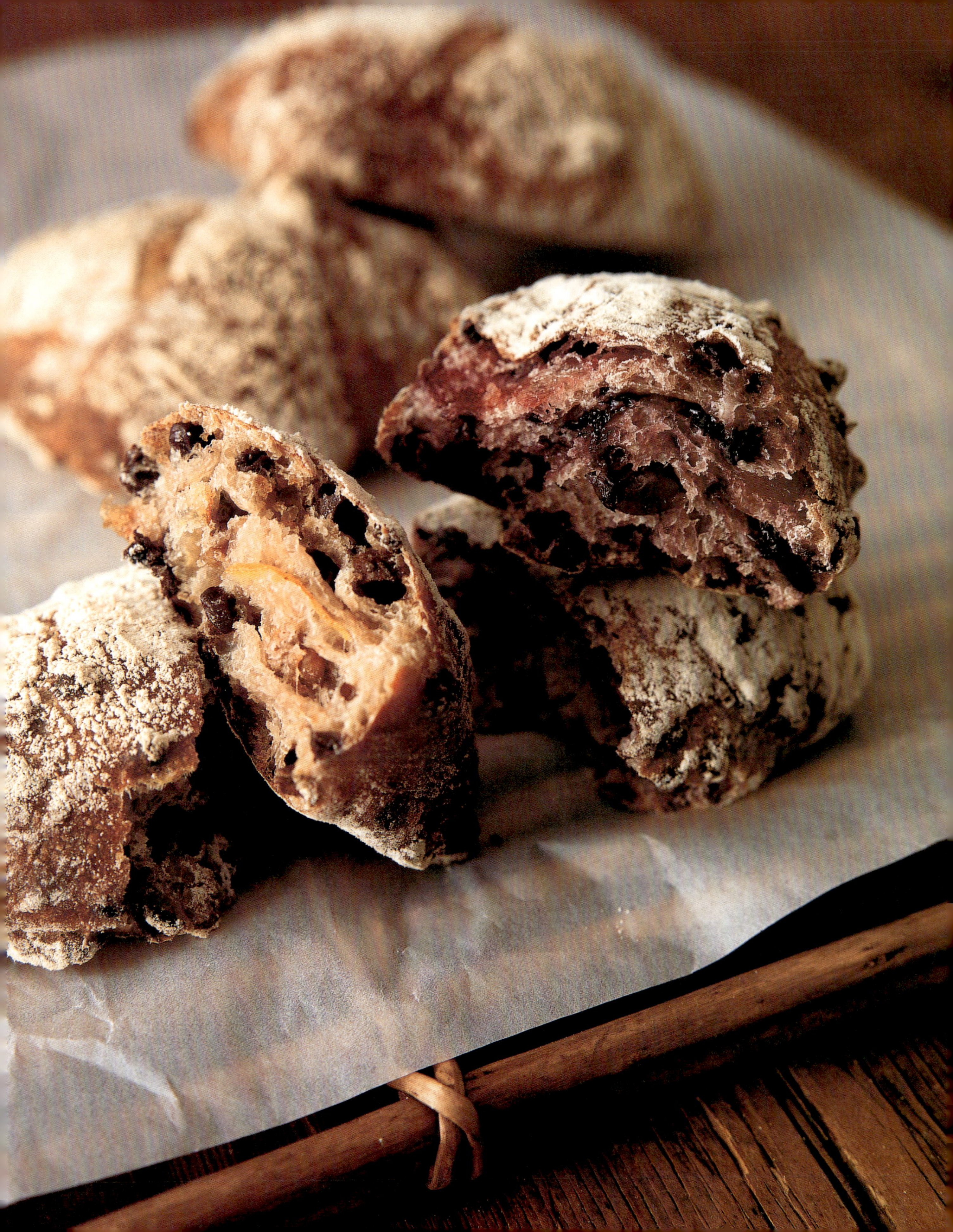

ビューリー

Bürli

　スイス発祥のビューリーは、もともと修道院でつくられていたパンです。水分の多い簡素な生地を宗教的背景から十字の形に成形したり、十字のクープを入れるなどして素朴に焼き上げたものだと聞きました。

　伝統的なパンに挑むときには、配合、製法、形、名前、すべてを伝統の本質ととらえ、その枠組みのなかで製作するべきなのですが、ここではあえて枠組みを崩して創作しました。

　ざくざくと雄々しいクラストともっちりしたひきのあるクラムがこのパンの最大の魅力です。これは水分の多い生地を手数をかけずに成形し、高温で焼き上げることによって得られるもの。これだけ頑丈なクラストですから、クラムはある程度膨らませないと歯が立たず、発酵力の強い酵母がぜひとも必要です。そこでイースト由来の老麺を主に、クラストに甘みと香ばしさを与える目的でレーズン種を組み合わせました。またオリジナルにも配合されているライ麦粉ですが、ライ麦粉が少量加わるだけでコク、まろやかさ、香ばしさが格段に増します。3〜8％程度の範囲内で好みの風味を探ってみるといいでしょう。1％変えるだけで風味が変わることがわかります。

　最近の若い人たちは、食べものをあまり噛まずに飲み下してしまう傾向にあるようですが、こんなふうにドライフルーツやナッツをぎっしり混ぜれば、知らず知らずに何十回も噛みしめるはず。咀嚼するたびに粉やフルーツ、ナッツのうまみがあふれ出す感覚をぜひ体験してほしいのです。オリジナルのビューリーとはかなり違ったパンになりましたが、ビューリーへのオマージュとしてこの名をつけさせてもらいました。

ビューリー

0. 準備	ドライベリー：浸水20分 ざる上げ10分
1. ミキシング	L2分＋H約10分 こね上げ18℃ ドライベリーを手混ぜ
2. 低温長時間発酵	18℃ 80% 18時間
3. ボリュームアップ	三つ折り×2回
4. 分割・成形	150gの四角形 くるくる2回巻き
5. 最終発酵	26℃ 80% 1時間
6. 焼成	上270℃ 下240℃ 7分→上250℃ 下220℃ 合計約35分 蒸気：窯入れ前後

配合

● 生地（粉3kg仕込み）

強力粉（スリーグッド）　　　　　　35%（1050g）
フランスパン用粉（モンブラン）　　30%（900g）
フランス産小麦粉（タイプ65）　　　20%（600g）
フランス産小麦粉（ムールドピエール）10%（300g）
ライ麦極細挽き粉（メールダンケル）5%（150g）

A ⎡ 塩　　　2.3%（69g）
　 ⎢ モルト液＊ 0.3%（9g）
　 ⎢ 老麺　　6%（180g）
　 ⎢ レーズン種 2%（60g）
　 ⎣ 水　　　約86%（約2580g）

● 副材料（粉1kg仕込み分）

ドライブルーベリー　47%（470g）
ドライクランベリー　19.5%（195g）
その他（右ページ◎）

＊原液を同量の水（分量外）で溶いたもの。

0. 準備

副材料のドライベリー2種は、ミキシング開始30分前に水に浸け、20分たったらざるに上げて10分間水気を切る。

1. ミキシング

ミキサーボウルにAの材料を入れて泡立て器で混ぜる（a）。粉を加えて低速で2分、高速で約10分こねる。水分が多いため、どろっとして非常にゆるい生地になる（b）。こね上げ温度18℃。生地を3等分して、それぞれ生地に厚みがでるような容器（ボウルなど）に入れ、そのうちの1つに準備したベリー2種を加え、容器を少しずつ回転させながら、手ですくい上げて混ぜ込む（c）。

＊水分が多いため、長くミキシングしないとグルテンがでない。また生地のゆるさゆえ、ミキサーでは副材料が混ざりにくいため、手で混ぜる。
＊ここでは生地を3等分して使用（残り2/3は応用例に使用→右ページ◎）。
＊水分が多く、ゆるくて力の抜けやすい生地なので、生地に厚みがでるような小さめの容器に入れる。

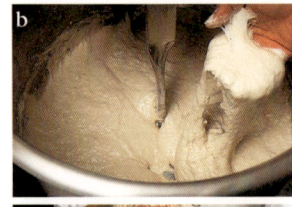

2. 低温長時間発酵

乾燥を防ぐためにラップフィルムやビニールをかぶせ、18℃・湿度80%で18時間発酵させる。

3. ボリュームアップ

手粉(ライ麦粉)をたっぷりふって生地を台にあけ(d)、三つ折りを2回行う。大きなカードを使って左右から1/3ずつたたみ(たたむたびに刷毛で粉をはらう)、下からも1/3たたみ(e)、上からも1/3たたむ。たたみ終わりを下にして容器に戻す(f)。26℃・湿度80%で30分休ませる。

＊生地がゆるいため、そのままではどうしても左右に広がってしまう。上方向へのボリュームをだすために折りたたむ。

4. 分割・成形

手粉をたっぷりふって生地を台にあけ、表面の粉を刷毛ではらう。150gの四角形に分割し、手前からくるくると2回巻き、粉をまぶす(g)。

＊ベリーは焦げやすいため、焦げを防ぐために粉をたっぷりまぶす。側面にも忘れずに。

5. 最終発酵

キャンバス地にも粉をふり、ひだで仕切って生地を並べ、26℃・湿度80%で1時間発酵させる。

6. 焼成

スリップピールに移し、粉が少なければ茶漉しでふり足し、クープを1本入れる(h)。
上火270℃・下火240℃で、蒸気は窯入れ前に少々、窯入れ後に多めに入れてまず7分焼き、上火250℃・下火220℃に下げて合計約35分焼く。

＊粉をたっぷりふるのは、表面が焼き固まるのを遅らせて、できるだけボリュームをだすためでもある。粉が多すぎたら焼成後にはらえばよい。

◎クルミ入り

配合：ベリー2種をクルミ47.5%(ローストしたもの)にかえ、左ページの0と同様に準備。
ミキシング：1で高速でこねた後、クルミを加えて低速で2分(軽く砕ける程度に)混ぜる。
焼成：6と同条件で合計約32分焼く。
その他の工程は左記と同様。

◎カランツとクルミ入り

配合：ベリー2種をカランツ35%、クルミ24%(ローストして粗く砕いたもの)、オレンジピール15%(細切り)にかえる。
分割＝成形：120gの三角形に分割する。丸めず、切りっ放しでよい。
焼成：6と同条件で合計約25分焼く。
その他の工程は左記と同様。

コテージ

Cottage bread

　イギリスのパンの本で見つけて以来、お供え餅のような不思議な形がずっと頭の片隅に残っていたコテージブレッド。ロンドン郊外のベーカリーで、本で見たあのままの姿を目のあたりにしたときには感動しました。味の方は正直いってあまりおいしくなく、それを私なりに発酵種を組み合わせてアレンジし、名前も略してコテージと呼ばせてもらうことに。口当たりはぷわんとやさしく、口に含むとレーズン種の甘みやルヴァン種の穏やかな酸味がゆっくりと波のように重なり、イギリスにヒントを得たパンでありながら、「はんなり」という言葉が浮かびます。クラムをくりぬいてサンドイッチをつくり、詰め直しておいしい宝箱に仕立ててお花見に出かけてみては？

1. ミキシング	L3分→バター↓L2分→H3分 こね上げ20℃
2. ボリュームアップ	三つ折り×2回
3. 低温長時間発酵	21℃ 80% 18時間 膨倍率2倍強 pH5.5
4. 分割・丸め	700g・300g(ペア)——丸形
5. 成形	丸形→お供え餅形
6. 最終発酵	27℃ 80% 60〜90分
7. 焼成	上220℃下200℃ 約50〜60分 蒸気:窯入れ前後

配合(粉3kg仕込み)

強力粉(スリーグッド) 50%(1500g)	レーズン種 3%(90g)
強力粉(ペチカ) 30%(900g)	老麺 2%(60g)
強力粉(グリストミル) 10%(300g)	ルヴァン液種 1%(30g)
フランス産小麦粉(バゲットムニエ) 10%(300g)	牛乳 10%(300g)
塩 2%(60g)	水 約59%(約1770g)
きび砂糖 3%(90g)	無塩バター 7%(210g)
モルト液* 1%(30g)	

*原液を同量の水(分量外)で溶いたもの。

1. ミキシング

ミキサーボウルに水、牛乳、塩、きび砂糖、モルト液、ルヴァン種(液種)、レーズン種を入れ、泡立て器で混ぜる。粉を加え、老麺を小さくちぎって加えながら低速で3分こねる。バターを握りつぶして加えて低速で2分混ぜ、高速で3分こねる。適度にグルテンのでた生地になる(a)。こね上げ温度20℃。まとめて生地箱に入れ、26℃・湿度80%で10分休ませる。

2. ボリュームアップ

手粉をふって生地を台にあけ、三つ折りを2回行う。四隅を引っ張って四角形に整え(b)、左右からぐいっと引っ張りながら1/3ずつ折りたたみ、下、上からも同様に引っ張って1/3ずつたたむ(c)。

*ぐいっと引っ張りながらたたむことで表面を張らせ(グルテンをだし)、内部のガスを封じ込めてよりボリュームをだし、ふんわりした食感にする。

3. 低温長時間発酵

たたみ終わりを下にして生地箱に入れ、21℃・湿度80%で18時間発酵させる。膨倍率2倍強(d)。発酵後pH5.5。

4. 分割・丸め

手粉をふって生地を台にあけ、ペアで700gと300gに分割する(e)。大小ともに、中のガスを抜かないように、表面だけを張らせて丸める。キャンバス地に並べ(f)、26℃・湿度80%で20〜40分休ませる。

5. 成形

大小ともに、ガスを抜かないように、表面だけを張らせて丸め直す。ゆるまないようにとじ目をしっかりくっつける。粉をふったキャンバス地に大小を重ねてのせる。2本の指に粉をつけ、生地の中心に突きさして布につくまでぐっと押す(g)。

*生地を重ねるときは中心を揃えないと倒れてしまう。

6. 最終発酵

27℃・湿度80%で60〜90分発酵させる。

7. 焼成

生地の形を崩さないように、大きなカード2枚で生地を両側からすくい上げ、スリップピールに移す。茶漉しで粉を薄くふり、中心から放射状にクープを10本入れる(h)。
上火220℃・下火200℃で、蒸気は窯入れ前に少々、窯入れ後に多めに入れて、約50〜60分焼く。

⑨イースト、発酵種をさまざまに組み合わせてつくるパン

キルシュブロート
Kirschenbrot

　材料の多さにびっくりされるかもしれませんが、それぞれに意味があります。たとえばマッシュポテトは小麦粉の4〜5倍もの保水力をもち、焼成後もしっとり感が続きますし、ライ麦粉、サワークリーム、メープルシロップの3つは一緒に使うことで素晴らしいコクを生みます。また、梅のような酸味をもつラズベリーパウダーはサワーチェリーの風味をより高め、レーズン種の甘みがサワーチェリーと生地との一体感をもたらします。こんな賑やかな生地を発酵させるには、イーストの発酵力が必要ですが、噛んで味わう歯ごたえがほしいので、ほどほどの膨らみにおさまる老麺を使いました。

0. 準備	ドライサワーチェリー：浸水20分　ざる上げ10分
1. ミキシング	L3分→バター↓L2分→H2分→チェリー↓L2分 こね上げ21～22℃
2. 低温長時間発酵	21℃　80%　18時間　膨倍率ほぼ等倍
3. 分割・丸め	大：200g　小：60g──丸形
4. 成形	なまこ形
5. 最終発酵	27℃　80%　90分
6. 焼成	上240℃ 下200℃　大：約25分　小：約18分 蒸気：窯入れ後

配合（粉1kg仕込み）

フランスパン用粉（モンブラン）	40%（400g）
麺用粉（麺許皆伝）	20%（200g）
小麦全粒粉（シュタインマーレン）	20%（200g）
ライ麦中挽き粉（アーレミッテル）	20%（200g）
無塩バター	5%（50g）
ドライサワーチェリー	60%（600g）

A
- 塩　2.1%（21g）
- ラズベリーパウダー　1%（10g）
- モルト液*1　0.5%（5g）
- 老麺　3%（30g）
- レーズン種　2%（20g）
- マッシュポテト*2　20%（200g）
- メープルシロップ　5%（50g）
- サワークリーム　10%（100g）
- 牛乳　24%（240g）
- 水　約40%（約400g）

*1 原液を同量の水（分量外）で溶いたもの。
*2 皮をむいたじゃがいもをゆで、なめらかになるまでフードプロセッサーでつぶし、完全に冷ましたもの。

0. 準備

ミキシング開始30分前に、ドライサワーチェリーを水（分量外）に浸し、20分後にざるに上げて10分間水気を切る。

1. ミキシング

ミキサーボウルにAの材料（老麺は小さくちぎる）を入れ(a)、低速で3分こねる。バターを握りつぶして加えて低速で2分混ぜ、高速で2分こねる。準備したドライサワーチェリーを加え(b)、低速で2分混ぜる。こね上げ温度21～22℃。

2. 低温長時間発酵

生地をまとめて生地箱に入れ(c)、21℃・湿度80%で18時間発酵させる(d)。膨倍率は、ほぼ等倍。
＊生地はほとんど膨らまない。

3. 分割・丸め

手粉をふって生地を台にあけ、200g（大）と60g（小）に分割する。それぞれ丸める。キャンバス地に並べ、26℃・湿度80%で20分休ませる。

4. 成形

大小ともチェリーが表面に出ないようになまこ形に成形し、粉をまぶす。キャンバス地にひだで仕切って並べ、大はクープを5本、小は3本、それぞれ斜めに入れる(e)。
＊チェリーが表面に出ると焦げてしまう。

5. 最終発酵

27℃・湿度80%で90分発酵させる。

6. 焼成

スリップピールに並べ、茶漉しで薄く粉をふる。
上火240℃・下火200℃で、窯入れ後に蒸気を多めに入れ、大は約25分、小は約18分焼く。

アインパッケン

Einpacken

　肉厚の乾燥イチジクをスパイスを効かせた赤ワインで甘くコンポートにし、クルミとともに生地にたっぷり焼き込みます。生地にはパン粉を配合し、しっとりと落ち着かせてジューシィなイチジクになじませ、ローストしたアーモンドプードルで香ばしさとコクを与えます。発酵種は、生地にかすかな酸味を与えるためにルヴァン種を、クラムに適度に気泡を入れるために発酵力のある老麺を選びました。そのまま焼くとイチジクが焦げてしまうため、薄くのばした共生地で包んで焼きます。アインパッケンとは、ドイツ語で贈り物などを包むという意味。大切なものを大事に包んでだれかに届ける、そんな意味合いをもたせたくて、この名をつけました。

1. ミキシング	⎿5分→イチジク・クルミ↓⎿1分 こね上げ20〜22℃
2. 低温長時間発酵	18℃ 80% 18時間　皮：pH5.2
3. 分割・成形	皮：100g のばして本体を包む 本体：約470g 円柱形
4. 最終発酵	27℃ 80% 60分
5. 焼成	上240℃ 下200℃ 約40分 蒸気：窯入れ後

配合(粉1kg仕込み)

フランス産小麦粉(バゲットムニエ)　80%(800g)
ライ麦極細挽き粉(メールダンケル)　10%(100g)
アーモンドプードル(ロースト*1)　10%(100g)
パン粉　10%(100g)

A ⎰ 塩　2.1%(21g)
　│ モルト液*2　0.6%(6g)
　│ ルヴァン液種　2%(20g)
　│ 老麺　2%(20g)
　│ イチジクの赤ワイン煮の煮汁(◎)
　│ 　10%(100g)
　⎱ 水　約70%(約700g)

イチジクの赤ワイン煮(◎)　60%(600g)
クルミ(ローストしたもの)　30%(300g)

*1 皮なしを200℃のオーブンで黄金色になるまで(約12分)香ばしくローストしたもの(a)。
*2 原液を同量の水(分量外)で溶いたもの。

1. ミキシング

ミキサーボウルにAの材料(老麺は小さくちぎる)を入れて泡立て器で混ぜる(b)。粉とローストしたアーモンドプードルを加えて低速で5分こねる(c)。500gを皮用に取り分け、まとめてボウルに入れる(e下)。残りの生地(本体用)にはイチジクの赤ワイン煮とクルミを加え(d)、低速で1分混ぜ、生地箱に入れる(e上)。こね上げ温度20〜22℃。

*アーモンドプードルのローストは、焼きがあまいと求める香ばしさが引き出せない。

2. 低温長時間発酵

皮生地、本体生地ともに18℃・湿度80%で18時間発酵させる。皮生地は発酵後pH5.2。

3. 分割・成形

手粉をふって生地をそれぞれ台にあける。皮生地はできるだけ足し生地のないように5等分(100g)の四角形に分割する。本体生地は5等分(約470g)の四角形に分割し(f)、円柱形に成形する。とじ目を下にして、キャンバス地にひだで仕切って並べる。
皮生地を麺棒で本体を包める程度の四角形にのばし、刷毛で粉をはらう。霧を吹いてから本体をとじ目を上にしてのせて包む(g)。粉の上を転がして全体に粉をまぶす。

4. 最終発酵

27℃・湿度80%で60分発酵させる。

5. 焼成

スリップピールに移し、茶漉しで粉をふり、クープナイフで好みの模様を描く(h)。
上火240℃・下火200℃で、窯入れ後に蒸気を多めに入れ、約40分焼く。

*皮で包むことにより、イチジクを焦がす心配なく温度を設定できる。
*ドライフルーツ入りの生地を皮生地で包んで焼くのは、南ドイツのパンによく見られる手法。

◎イチジクの赤ワイン煮

材料(つくりやすい分量)

セミドライイチジク(へたを取る)　600g
赤ワイン　250g
水　250g
グラニュー糖　250g
ヴァニラビーンズ　1/3本
黒粒こしょう　1.5g
ポワブルロゼ(粒)　1.5g
シナモンスティック　1/3本
ローリエ　1〜2枚
レモン(スライス)　1/3個分

鍋にセミドライイチジク以外の材料を入れて火にかける。砂糖が溶けて温まったらイチジクを加え、中火で5分ほど煮る。容器に移して最低1日漬ける。

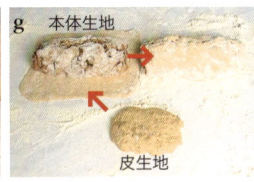

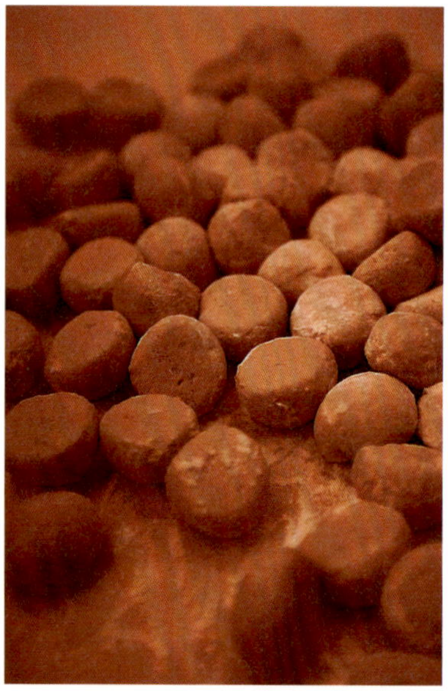

10

ベーカリーのお菓子

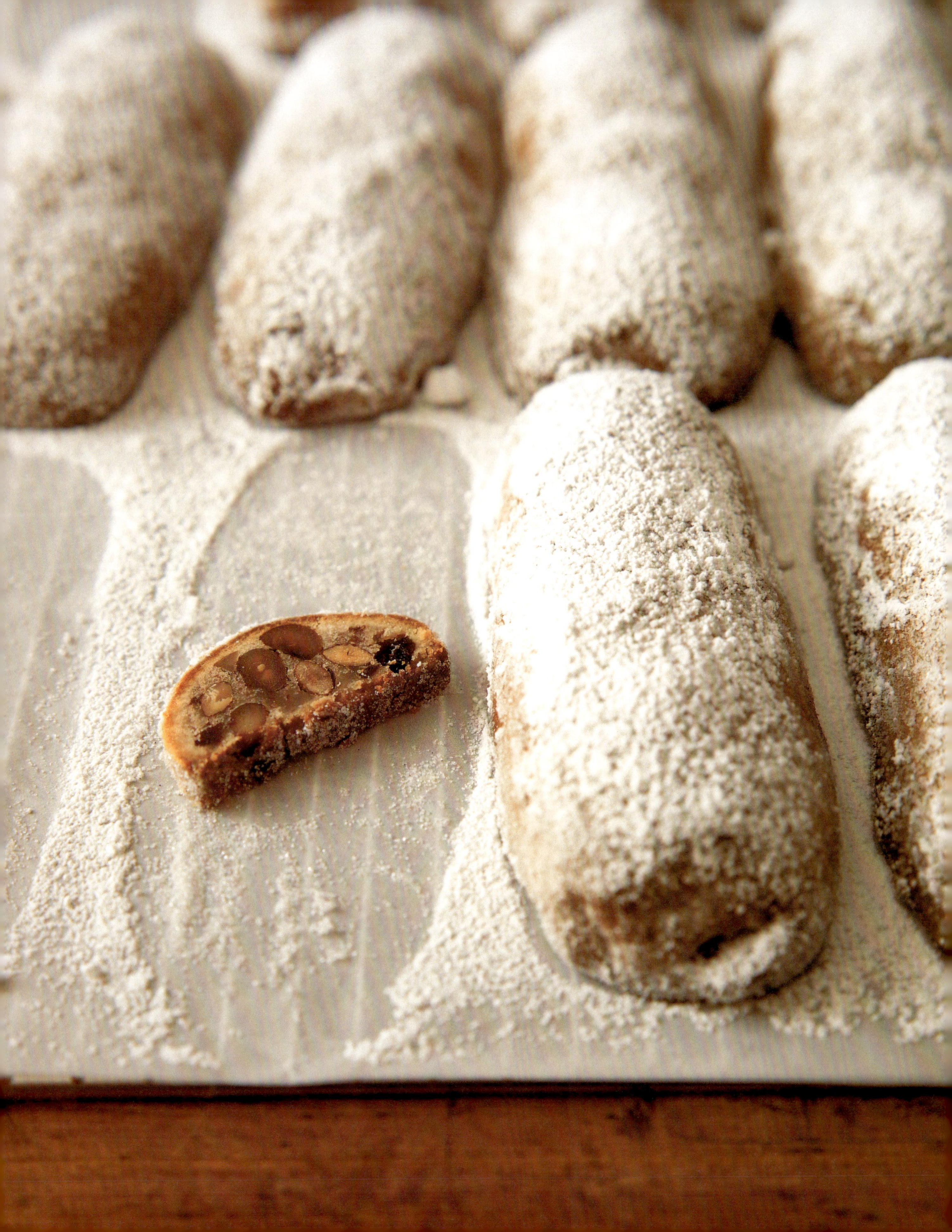

シュトーレン

Stollen

　ドイツのクリスマスシーズンに欠かせない発酵菓子、シュトーレン。何世紀にもわたって焼き継がれてきたこのお菓子には、歴史と文化によってもたらされた"枠組み"があると感じています。その枠組みを尊重しながら自分なりの物語りを織り込んでいくのが楽しくて、もう二十数年来、毎年配合や具材を変え、その時々の好みや考えを反映してつくり続けています。

　私のこのシュトーレンを見て、具の多さにびっくりされる方もいることでしょう。グラッパと赤ワインに漬け込んだドライフルーツとナッツをぎっしり詰めて、かたいビスケットのようなざくざくしたタッチに仕上げます。最初の強いインパクトの後は、噛むうちにほろほろとほどけ、バターとヴァニラの香りが口の中いっぱいに広がります。中種にルヴァン種を用いているのも私流の工夫です。その酸味が隠し味として効くのです。バターの配合量が多いお菓子は、油脂の重量感が香りを凌ぎ、重苦しいこってり感が全面にでがちですが、ルヴァン種の酸味がそれを見事に消し去ってくれます。保存がきくお菓子でありながら、ひと口ひと口味わうたびにナッツとフルーツがフレッシュに香ります。

シュトーレン

1. 中種	ミキシング：L1分→バター↓L2分→H3分 こね上げ22℃　28℃ 80% 9時間
2. 本ごね	L6分＋H3分→フルーツ&ナッツ↓L2分
3. 分割・丸め	本体：200g 皮：100g――丸形
4. 成形	本体：円柱形 皮：薄くのばして本体を包む
5. 焼成	上210℃ 下150℃ 約70～80分
6. 仕上げ1	澄ましバター（50～60℃）3秒 →－6℃ 15時間
7. 仕上げ2	ヴァニラシュガー＋粉糖

配合（粉1kg仕込み）

●中種
フランスパン用粉（モンブラン）　30%（300g）
グラニュー糖　10%（100g）
ルヴァン種　20%（200g）
生クリーム（乳脂肪分41%）　22%（220g）
発酵バター（無塩）　15%（150g）
ヴァニラビーンズ（種子のみ）　1本分

●本ごね
中種　左記全量
強力粉（ベチカ）　70%（700g）
塩　0.7%（7g）
グラニュー糖　30%（300g）
生イースト　3%（30g）
発酵バター（無塩）　45%（450g）
洋酒漬けフルーツ&ナッツ（右ページ●上）
　150%（1500g）

●仕上げ
澄ましバター（50～60℃）→P.201
ヴァニラシュガー（右ページ●下）、粉糖

1. 中種を仕込む

ミキサーボウルに生クリーム、グラニュー糖、ヴァニラビーンズを入れ、泡立て器で混ぜる。ルヴァン種を細かくちぎって加え（a）、粉を加えて低速で1分こねる（b）。発酵バターを握りつぶして加えて低速で2分混ぜ、高速で3分こねる。こね上げ温度22℃。
生地をまとめてボウルに入れ、ラップフィルムをかけて28℃・湿度80%で9時間発酵させる（c）。

2. 本ごね

製菓用ミキサーにビーターを装着し、発酵バター、塩、グラニュー糖を白っぽくなるまで混ぜる（d）。ミキサーボウルに1の中種全量、塩と砂糖を混ぜたバター、生イースト、粉を入れ、低速で6分、高速で3分こねる（e）。皮用に半量を取り出し、残りの生地（本体用）に洋酒漬けフルーツ&ナッツを加え（f）、低速で2分混ぜる。

3. 分割・丸め

手粉をふって生地を台にあけ、本体生地は200gに、皮生地は100gに分割し、それぞれ丸める（g）。

4. 成形

本体生地は円柱形に成形する。皮生地は麺棒で本体を包める程度の大きさにのばし、本体生地をのせ（h）、包む（i）。

生地の中に具を散らすというよりも、生地が具をかろうじてつないでいるバランス。リキュールとワインをたっぷり吸い込んだナッツとフルーツからは噛むたびに豊かな風味があふれ出し、表面にまぶしたヴァニラシュガーのヴァニラ香がバターの風味にぴったり重なり、格別なコクを生む。

5. 焼成

とじ目を下にして天板に並べ(j)、天板を4枚重ねにして上火210℃・下火150℃で約70～80分焼く。

6. 仕上げ1＝バターがけ

焼きたての5を澄ましバター(50～60℃)に3秒浸す(k)。ケーキクーラーの上に並べ、すぐに冷凍庫(-6℃)に入れて瞬間的にバターを固まらせる。そのまま15時間ほど冷やし固める。
＊バターに浸した後すぐに冷凍庫に入れ、バターを中までしみ込ませずに表面で固まらせる。このバターの膜と次の工程でまぶす砂糖の膜で二重に覆うことにより、空気を遮断して風味を閉じ込め、日持ちをよくする。

7. 仕上げ2＝砂糖がけ

ヴァニラシュガーをまんべんなくまぶし(l)、粉糖をすき間なくたっぷりふる(m)。
空気が入らないようにラップフィルムで二重に密封し、さらにビニール袋に入れて販売する。
＊空気に触れさせないように包装することが大切。密閉保存なら賞味期限は約1か月。

◎**洋酒漬けフルーツ＆ナッツ**
配合(粉1kg仕込み分)

マカデミアナッツ　50%(500g)
クルミ　25%(250g)
アーモンド　12.5%(125g)
ドライサワーチェリー　25%(250g)
レーズン　12.5%(125g)
グラッパ　12.5%(125g)
赤ワイン　6.25%(62.5g)
クレーム・ド・カシス　6.25%(62.5g)

全材料を容器に入れて混ぜ、2週間漬ける(最初の1週間は1日に1回混ぜる)。

◎**ヴァニラシュガー**
グラニュー糖100gに対してヴァニラビーンズ(種子のみ)を1本分の割合で混ぜたもの。

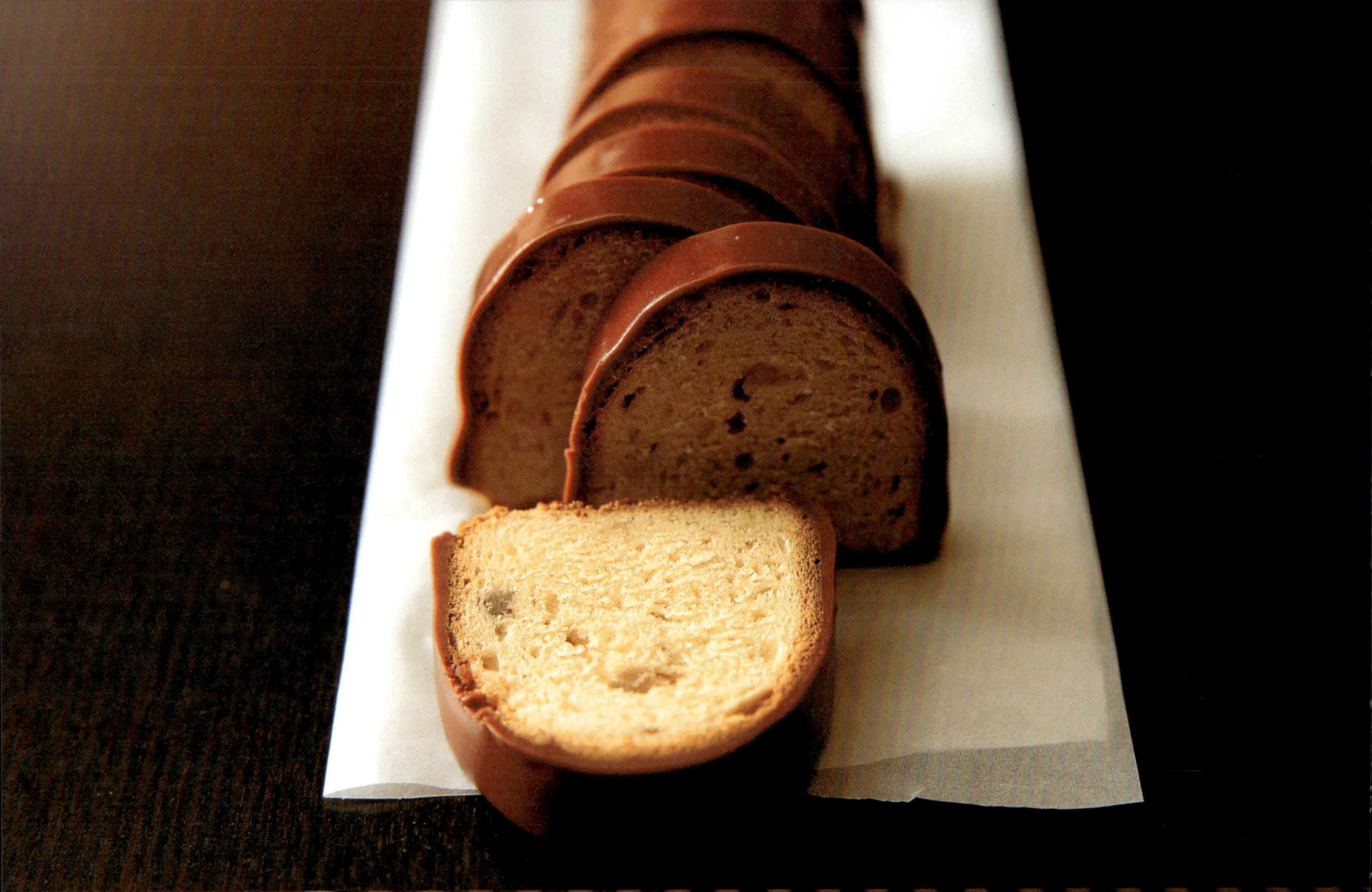

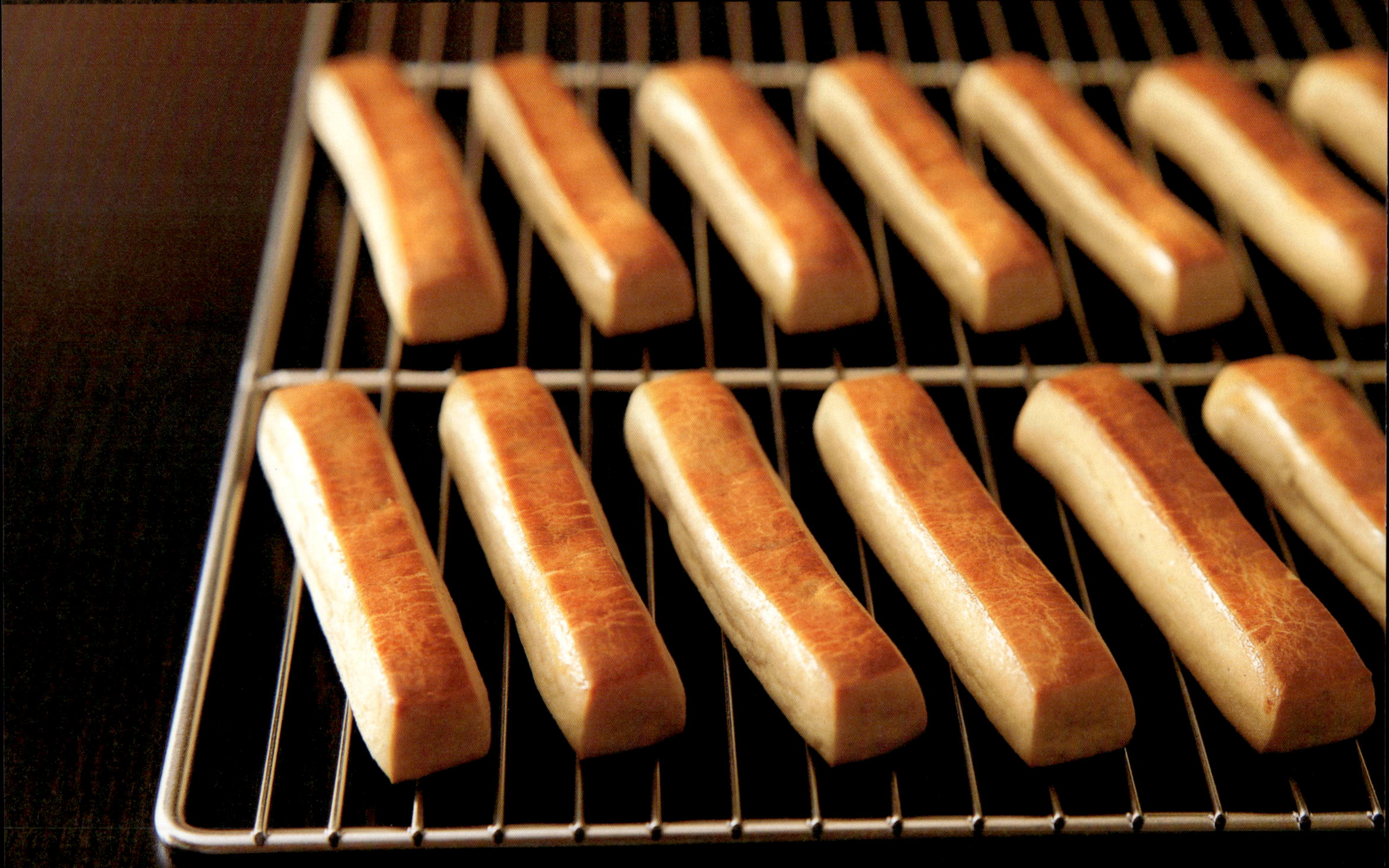

マローネン

Maronenbrot

　栗とチョコレートを組み合わせて、バターケーキのようなしっとりとして密度の濃い発酵菓子をつくりたい。ギフトとして喜ばれるような洗練されたフォルムに——。そうして生まれたのが、このマローネンです。

　マロンパウダー、マロングラッセ、ヴァニラ、ラム酒・・・材料だけを見るとまるで焼き菓子のようですが、発酵によってうまみと香りが加わり、味わいが増します。食感の面でも、発酵菓子には焼き菓子にはないかすかなひきがあり、噛みしめたときの心地よい弾力感も魅力。このわずかな感触の違いが、噛むたびに生地から風味がしみ出す理由です。一切れずつ、飲みものと一緒にゆっくり噛んで味わってみてください

　チョコレートがけしていないスティック状の方は、折りたたむ成形法によって上に膨らむ力を強くして、軽いタッチに仕上げました。昭和世代の方なら幼いころ、こんな甘いスティックパンを食べた記憶があるのではないでしょうか。こちらは普段のおやつにぴったり。食べ始めると止まらなくなりますよ。

マローネン

1. ミキシング	㋐3分＋㋒5分→バター½㋐2分30秒 →バター½㋐1分30秒→㋒2〜3分 →マロングラッセ㋐2分 こね上げ23℃
2. 一次発酵	26℃ 80% 60分
3. 冷却	−6℃ 約3時間〜3日間
4. 分割・成形	250g 円柱形 トヨ型(15×7×高さ7cm)
5. 最終発酵	27℃ 80% 2時間
6. 焼成	㊤230℃㊦200℃ 約25分
7. 仕上げ	グラサージュがけ

配合(粉2kg仕込み)

強力粉(スリーグッド) 100%(2000g)
マロンパウダー 20%(400g)

A ┌ 塩 0.8%(16g)
  │ グラニュー糖 22%(440g)
  │ モルト液* 1%(20g)
  │ 生イースト 3.5%(70g)
  │ 卵黄 30%(600g)
  │ 生クリーム(乳脂肪分41%) 20%(400g)
  │ 牛乳 20%(400g)
  └ ラム酒 5%(100g)

ヴァニラビーンズ(種子のみ) 0.1%(2g)
無塩バター 50%(1000g)
マロングラッセ 50%(1000g)

●**仕上げ**

グラサージュ(右ページ◎)

＊原液を同量の水(分量外)で溶いたもの。

1. ミキシング

ミキサーボウルにAの材料を入れて泡立て器でよく混ぜる(a)。ヴァニラビーンズ、粉、マロンパウダーを加えて低速で3分、高速で5分こねる。バターの半量を握りつぶして加えて低速で2分30秒混ぜ、残りのバターも同様に加えて低速で1分30秒混ぜ、高速で2〜3分こねる。つやあるのびのよい生地になる(b)。最後にマロングラッセを加えて低速で2分混ぜる。こね上げ温度23℃。

＊バターにはグルテンの形成を阻害する性質がある。配合量がこれだけ多い場合は一気に加えず、2回に分けて加えてグルテン組織へのダメージを軽減する。また、バターを加える前までにグルテンを8割方だしておく。

2. 一次発酵

生地をまとめて生地箱に入れ(c)、26℃・湿度80%で60分発酵させる。

3. 冷却

生地を鉄板に移して平たくのばす(d)。板ごとビニール袋に包み、冷凍庫(−6℃)で生地が完全にかたくなるまで冷やす(約3時間以上、3日以内)。

＊バターの配合量が多いため、十分に冷やし固めておかないと分割・成形中に生地がだれて作業がしにくい。

＊この段階で3日間の冷凍保存が可能。

4. 分割・成形

250gの長方形に分割し(e)、生地内の空気を抜くように体重をかけて手のひらで押しつぶし、手前からくるくると巻き、転がして円柱形に整える(f)。トヨ型(15×7×高さ7cm)にとじ目を上にして入れ(g右)、上から押して生地を型にぴったり沿わせて表面を平らにする(g左)。

5. 最終発酵

室温（23℃）に置いて生地の温度をもどした後、27℃・湿度80%で2時間発酵させる。

6. 焼成

天板の上に並べ、型の上には蓋がわりに2枚重ねにした天板をのせて、上火230℃・下火200℃で約25分焼く。焼き上がったらすぐに型から取り出す。

7. 仕上げ

完全に冷めたらグラサージュをかけ、室温で固める。

◎グラサージュ

材料（つくりやすい分量）
フォンダン　1kg
チョコレート(カカオ分55%)　190g
ココアパウダー　30g
フランボワーズソース(市販)　30g
生クリーム(乳脂肪分41%)　約100g

チョコレートは細かくきざむ。フォンダンを湯煎で溶かし、チョコレート、ココアパウダー、フランボワーズソースを順に混ぜ入れ、生クリームを加えて流しやすいかたさに調節する。

◎マロンスティック

配合・ミキシング：マロングラッセを加えずにこね上げる。一次発酵、冷却は左記と同様。
成形：生地を分割せずにリバースシーターで9mm厚さにのばし、左右から折りたたんだり、切り貼りするなどしてできるだけ均一な厚みの四角形に整える(h)。これを12mm厚さにのばし(i)、いったん冷凍して生地を締めた後、9mm厚さにのばす。8×2cmのスティック状に切る。
＊薄くのばした生地をたたむことにより、上への膨らみが得られ、食感がやや軽くなる。
最終発酵：鉄板に並べて26℃・湿度80%で30分発酵させる。
焼成：溶き卵を塗り(j)、乾いたらもう一度塗り、6と同じ温度で約10分焼く。

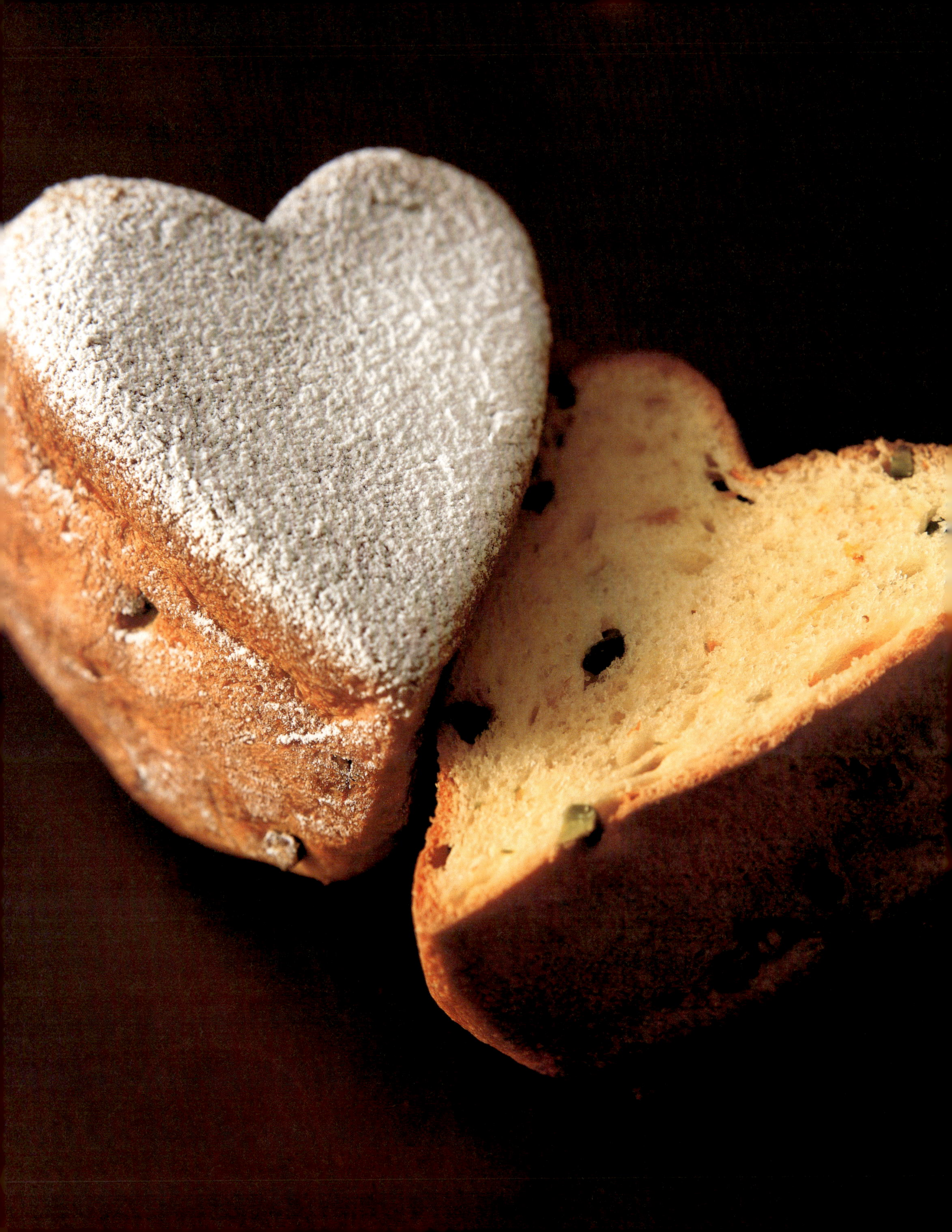

ル クール

Le cœur

　このレシピを考案したころ、私の興味はハーブや花の香りの生かし方に向いていました。甘いパンに何か香りを重ねようとさまざまなサンプルを試すうちに、マリーゴールドの、気配を感じさせるような香りにはっとしました。この花には、古い寺院を思い起こさせるような詩的な香りがあるのです。甘い風味に重ねたところ、通奏低音のように奥底で静かに響き、穏やかなティータイムを楽しむのにぴったりの発酵菓子ができました。ふわんとやわらかな食感と気持ちを癒すような風味は、心身の弱ったときにもよさそうです。

　酵母はイーストではなくレモン種を使いました。発酵菓子の場合、甘くリッチな生地をつくろうとすると油脂分としてのバター、その乳化剤としての卵から逃れることができず、両者の強い香りに支配されてしまいますが、レモン種の酸味と柑橘香がそれをすっきり中和します。またイーストは発酵力、安定性ともに抜群ですが、生地をぱさつかせる側面をもち、しっとりと仕上げたいものには適しません。その点、レモン種は保湿性に優れ、2〜3日はしっとりとおいしく食べられます。

　クールとはフランス語でハートの意味。ハート形のフォルムからかわいらしいイメージをもたれがちですが、かわいいだけには終わらない、他に類のない決定的な個性をもつお菓子だと自負しています。一瞬で物語りを喚起させる力をもつ香りの存在を強く認識することになった、私にとって記念すべき一品です。

ル クール

1. ミキシング	⒧3分+⒣9分→バター½⓿⒧2分 →バター½⓿⒧2分→⒣1分→材料B⓿⒧1分30秒 こね上げ22～23℃
2. 一次発酵	26℃ 80% 20時間 膨倍率2倍強
3. 冷却	−6℃ 約3時間～3日間
4. 分割・丸め	240g 丸形
5. 成形	丸形 陶製ハート型（13×12×高さ8cm）
6. 最終発酵	26℃ 80% 6時間
7. 焼成・仕上げ	⬆200℃⬇200℃ 約25分 粉糖がけ

配合（粉2kg仕込み）

強力粉（スリーグッド）　100%（2000g）

A ｛
- 塩　0.8%（16g）
- グラニュー糖　22%（440g）
- モルト液*　1%（20g）
- レモン種（右ページ◉上）　18%（360g）
- 全卵　20%（400g）
- 卵黄　20%（400g）
- 牛乳　17%（340g）
- 生クリーム（乳脂肪分41%）　10%（200g）

発酵バター（無塩）　45%（900g）

B ｛
- ピスタチオ（1/3にカット）　15%（300g）
- ドライマンゴーのワイン煮（右ページ◉下）　20%（400g）
- マリーゴールド（ドライ）　0.5%（10g）

●仕上げ
粉糖

＊原液を同量の水（分量外）で溶かしたもの。

1. ミキシング

ミキサーボウルにAの材料を入れて泡立て器で混ぜる（a）。粉を加えて低速で3分、高速で9分こねる。発酵バターの半量を握りつぶして加え（b）、低速で2分混ぜ、残りのバターを同様に加えて低速で2分混ぜる。バターが混ざったら高速で1分こねる。Bの材料を加え（c）、低速で1分30秒混ぜる。こね上げ温度22～23℃。

＊バターにはグルテンの形成を阻害する性質がある。配合量がこれだけ多い場合には一気に加えず、2回に分けて加え混ぜてグルテン組織へのダメージを軽減する。

2. 一次発酵

生地をまとめて生地箱に入れ（d）、26℃・湿度80%で20時間発酵させる（e）。膨倍率2倍強。

＊これだけのリッチな生地をレモン種で発酵させるには長時間かかる。

3. 冷却

オーヴンペーパーを敷いた鉄板に生地をあける。グルテンの網目組織が形成されている（f）。鉄板ごとビニール袋に包み、冷凍庫（−6℃）で生地が完全にかたくなるまで冷やす（約3時間以上、3日間以内）。

＊バターの配合量が多いため、完全に冷やし固めておかないと生地がだれて分割・丸めの作業がしにくい。

＊この段階で3日間まで冷凍保存が可能。

クラムの中にオレンジ色のマリーゴールド、白ワイン煮のドライマンゴー、ピスタチオが散らばる。クラムはリッチな配合とレモン種の保湿力により、しっとりとしてふわんとやわらか。クラストもやさしい食感に仕上げたかったので陶製型を使用。熱の当たりがやわらかく、焼き固まるまでに時間がかかるため、クラスト内にもたくさんの気泡が混じる。

4. 分割・丸め

240gに分割し、丸める(g)。生地の温度が5℃以上なら、18℃・湿度80%で30分休ませる。生地の温度が5℃以下なら、室温(23〜26℃)で30分休ませる。

5. 成形

丸め直し、バターを薄くぬった陶器製ハート型(13×12×高さ8cm)にとじ目を上にして入れる(h)。

＊陶器の型は熱の伝わり方がやわらかいため、かたいクラストができず、しっとり、ふんわりした食感に焼き上げられる。

6. 最終発酵

26℃・湿度80%で6時間発酵させる(i)。

7. 焼成・仕上げ

スリップピールに並べ、上火200℃・下火200℃で約25分焼く。室温程度に冷めたら型を逆さにして取り出し、底になっていた面に茶漉しで粉糖をふる。

＊冷める前に取り出すとしぼんでしまう。

◎レモン種

配合(つくりやすい分量)

湯(40〜45℃)　1000g
レモン(ノーワックス、スライス)　150g
はちみつ　100g
マッシュポテト*1　50g
レーズン種　100g
モルト液*2　10g

*1 皮をむいたじゃがいもをゆで、なめらかになるまでつぶし、完全に冷ましたもの。
*2 原液を同量の水で溶かしたもの。

ボウルに全材料を入れてよく混ぜる。混ぜ上がりの温度が33℃になることが重要。27℃・湿度80%で2〜3日間発酵させる(1日1回泡立て器で混ぜる)。漉して液種として使用する。冷蔵庫(3〜5℃)で保存し、1週間以内に使い切る。

＊レモンだけでは発酵させにくいため、レーズン種で発酵力を補う。

◎ドライマンゴーのワイン煮

材料(つくりやすい分量)

ドライマンゴー　1kg
グラニュー糖　400g
白ワイン　1本(750ml)
水　200g

鍋に全材料を入れ、中火にかける。沸騰したら弱火にして15分煮る。容器に移して氷に当てて冷やし、冷蔵庫に入れて2日以上漬ける。マンゴーの汁気を切り、細く切って使用する。

アプフェルシュトゥルーデル
Apfel Strudel

　アプフェルシュトゥルーデルは、ドイツ語圏で広く親しまれているオーストリア発祥のお菓子です。透けるほど薄い生地で甘くソテーしたりんごを巻きます。ウィーンにあるシェーンブルン宮殿のグロリエッテを訪れたとき、この銘菓の製造過程を間近で見て、味わうことができました。本場のシュトゥルーデル生地は液状油を配合して驚くほど薄くのばすのですが、それは一般の製パン店には少々手強いため、クロワッサン生地で応用することにしました。かしゃっと舌の上で砕ける生地の食感は、本物に迫る軽やかさ。ジューシィなフィリングとの相性もぴったりです。

1. クロワッサン生地	三つ折り×2回(5mm厚)
2. りんごのカラメルソテー	
3. 生地をのばす	0.33mm厚、幅55cm
4. 成形	生地でジェノワーズとりんごのソテーを巻く
5. 低温長時間発酵	18℃ 80% 12時間
6. 焼成・仕上げ	上190℃ 下190℃ 約90分 粉糖がけ

配合

●**クロワッサン生地(6本分)**
デトランプ(P.68)　粉1kg仕込み分
折り込み用無塩バター　300g

●**りんごのカラメルソテー(1本分)**
りんご　1kg
レーズン　100g
無塩バター　70g
はちみつ　70g
グラニュー糖　90g
シナモンパウダー　7g

●**その他**
溶かしバター(無塩)
ジェノワーズ生地＊
粉糖

＊ジェノワーズ生地(スポンジケーキ)は1cm厚さ、型の大きさに合った形のもの(ここでは10×55cmの長方形)を1本につき2枚用意する。

1. クロワッサン生地を仕込む

クロワッサンの生地のつくり方(P.68)を参照して、デトランプをつくって折り込み用バターを包み、三つ折りを2回行う(a)。冷凍庫(-6℃)で3時間冷やし固めた後、1本分の分量に分ける(ここでは6等分する)。それぞれの生地をリバースシーターで5mm厚さにのばす(b)。鉄板にのせ、板ごとビニール袋に包んで、冷凍庫で15時間冷やし固める。

2. りんごのカラメルソテー

りんごは皮付きのまま12等分のくし形に切って芯を取る。鍋にバター、はちみつ、グラニュー糖を入れ、やや茶色く色づくまで熱する。りんごとレーズンを加え、りんごが少しやわらかくなるまでソテーし、シナモンをふる。容器に移して冷ます。

3. 生地をのばす

1の生地をリバースシーターで0.33mm厚さ(透けるくらいの薄さ)、幅(短辺)55cmにのばす(長さは約60cmになる)。オーヴンペーパーを敷いた鉄板にのせ、冷凍庫で30分冷やす。

4. 成形

生地を台にのせ、刷毛で溶かしバターを薄く塗る。生地の端から4cmのところにジェノワーズ生地を2枚重ねてのせる(c)。その上にりんごのカラメルソテーをたっぷりのせる。生地を巻きつけ(d)、転がして最後まで巻く。トヨ型(55×10×深さ8cm)にジェノワーズが下になるように入れ、表面に溶かしバターを塗る(e)。

5. 低温長時間発酵

18℃・湿度80%で12時間発酵させる。

6. 焼成・仕上げ

天板にのせ、上火190℃・下火190℃で約90分焼く。
完全に冷めたら、型を傾けてずらしながらジェノワーズが下になる向きに取り出し、粉糖をふって好みの大きさに切り分ける。

＊冷める前に動かすと形が崩れてしまう。

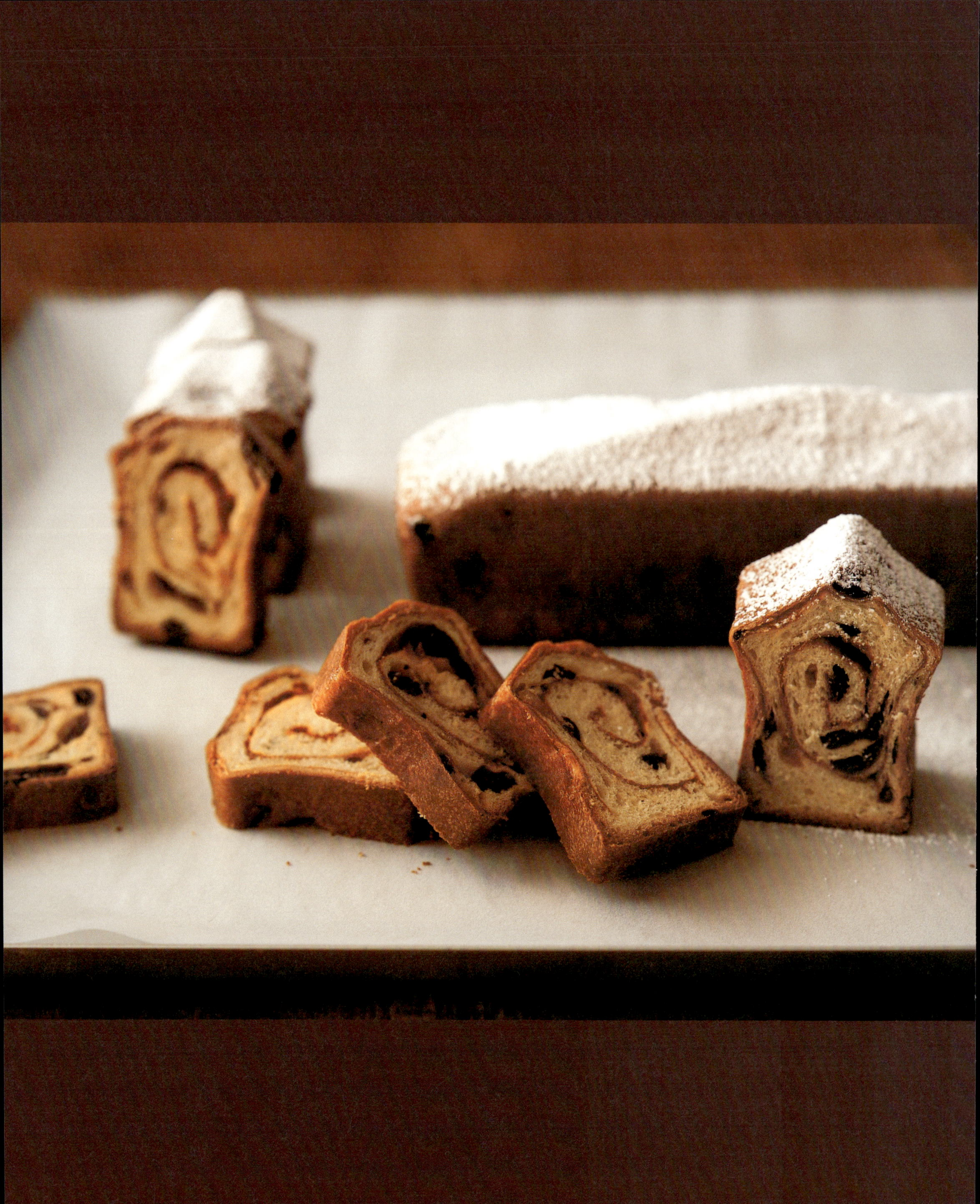

コーニッシュサフランケーキ

Cornish saffron cake

　旅で訪れたイギリスで、サフラン入りのイースト菓子に出会いました。ドライフルーツ入りの甘い生地にサフランを混ぜ入れたそのお菓子の名は、コーニッシュサフランケーキ。コーンウォール地方に伝わるイースター菓子が原形だといいます。甘い生地とサフランという組み合わせがじつに新鮮で、自分でも試してみたくなりました。

　ここに紹介するのは、サフランでの色づけとドライフルーツの焼き込み以外は、配合も形も私流のアレンジです。イーストにルヴァン種を併用し、そのやわらかな酸味で卵臭さや乳臭さを中和させます。配合に手を加えるのなら、思い切ってフォルムも一から創り出してみようと、屋根形の蓋を備えた角型を特注しました。粉糖をふったその姿は、雪の積もった家のよう。まるで童話のなかのワンシーンです。切り分けると、折り紙細工のようなリズミカルな楽しさも生まれます。サフランのエキゾチックな香りは、紅茶やコーヒーはもちろん、日本茶にもとてもよく合います。

コーニッシュサフランケーキ

1. 中種	L5分→バター L2分→H3分 こね上げ21〜22℃ 26℃ 80% 30分→6℃ 20時間
2. 本ごね	L3分＋H10分→ (砂糖 L2分→バター L2分)×2→H約1分 →洋酒漬けフルーツ L2分 こね上げ23℃
3. 一次発酵	26℃ 80% 30〜50分
4. 冷却	−6℃ 約3時間〜3日間
5. 分割・成形	280g のばしてサフランシュガーを巻く 角型(24×4.5×高さ6cm)
6. 最終発酵	27℃ 80% 4時間
7. 焼成・仕上げ	上210℃ 下205℃ 約25分 アプリコットジャム＋粉糖がけ

配合(粉2kg仕込み)

●中種
強力粉(スリーグッド) 50%(1000g)

A
- 生イースト 2%(40g)
- グラニュー糖 5%(100g)
- 牛乳 3%(60g)
- 生クリーム(乳脂肪分41%) 20%(400g)
- 卵黄 30%(600g)

無塩バター 20%(400g)

●本ごね
中種 左記全量
強力粉(グリストミル) 50%(1000g)
塩 1.2%(24g)
グラニュー糖 40%(800g)
ルヴァン種 10%(200g)
牛乳 10%(200g)
卵黄 30%(600g)
無塩バター 40%(800g)

1. 中種を仕込む

ミキサーボウルにAの材料を入れて泡立て器で混ぜ、粉を加えて低速で5分こねる。バターを握りつぶして加えて低速で2分混ぜ、高速で3分こねる。こね上げ温度21〜22℃。

生地をまとめてボウルに入れ、26℃・湿度80%で30分発酵させ、冷蔵庫(6℃)に移して20時間発酵させる(a)。

a 発酵後

2. 本ごね

グラニュー糖は3等分しておく。ミキサーボウルに牛乳、卵黄、塩、グラニュー糖の1/3量を入れ、泡立て器で混ぜる。ルヴァン種を細かくちぎって加え、1の中種も加える(b)。粉を加えて低速で3分こね、高速で10分こねる。グラニュー糖の1/3量を加えて低速で2分混ぜ、バターの半量を握りつぶして加えて低速で2分混ぜる。さらに残りのグラニュー糖を加えて低速で2分、残りのバターを加えて低速で2分混ぜ、高速で約1分こねる。ドライフルーツの洋酒漬けを加え(c)、低速で2分混ぜる。つやつやしてよくのびる生地になる。こね上げ温度23℃。

＊砂糖もバターもグルテンの形成を阻害する性質がある。両者の配合量がこれだけ多い場合は一気に加えず、何回かに分けて加え混ぜてグルテン組織へのダメージを軽減する。

3. 一次発酵

内側に空気を抱き込ませるようにまとめて生地箱に入れ、26℃・湿度80%で30〜50分発酵させる。

4. 冷却

鉄板にオーヴンペーパーを敷き、手粉をふって生地をあけ、平たく広げる(d)。冷凍庫(−6℃)でかたくなるまで冷やす(3時間〜3日間)。

＊バターの配合量が多いため、完全に冷やし固めておかないと生地がだれて分割・成形の作業がしにくい。

＊この段階で3日間の冷凍保存が可能。

●副材料
ドライフルーツの洋酒漬け(◎上)　115%(2300g)
サフランシュガー(◎下)
●仕上げ
アプリコットジャム、粉糖

5. 分割・成形

280gの四角形に分割し、左右幅が24cm(型の長さ)になるまで麺棒でのばす。霧を吹き、左右と上端1.5cm分を残してサフランシュガー20gを広げ(e)、手前から巻いていく(f)。最後の端には水をつけて接着し、とじ目を下にして角型(24×4.5×高さ6cm)に入れる(g)。

6. 最終発酵

18℃・湿度80%で2時間かけて生地の温度を戻し、27℃・湿度80%で4時間発酵させる。

7. 焼成・仕上げ

スリップピールに並べ、霧を吹いてから蓋をし(h)、上火210℃・下火205℃のオーヴンの中央に入れて約25分焼く。
室温程度に冷めたら型から取り出す。上面にアプリコットジャムを塗り(i)、粉糖をふる。

＊生地がやわらかく、焼成中にショックを与えるとしぼんでしまうため、窯内でもっとも熱の安定性が高い中央で動かさずに焼く。
＊冷める前に型から取り出すとしぼんでしまう。

◎ドライフルーツの洋酒漬け
配合(粉2kg仕込み分)
カランツ　30%(600g)
レーズン　30%(600g)
ドライサワーチェリー　20%(400g)
オレンジピール　20%(400g)
ウィスキー　10%(200g)
シロップ＊　5%(100g)
＊水1:グラニュー糖1.3を煮溶かしたもの。

ドライサワーチェリーとオレンジピールはきざみ、全材料を混ぜ合わせて保存容器に入れ、冷暗所で1週間漬ける。

◎サフランシュガー
配合
グラニュー糖　100%
シナモンパウダー　10%
サフランパウダー　3%
粗挽き黒こしょう　2%
コリアンダーパウダー　1%

全材料をむらなく混ぜる。

スコーン

Scones

　私はスコーンをクイックブレッドとしてではなく、発酵と熟成の力が生きた発酵菓子としてとらえています。それに気づかせてくれたのがイギリスのベーカリーシェフ、マーカス・ミラー氏。水和させた生地を0℃程度に保つと、ゆっくりと熟成が進み、独特のきめと味わいが生まれることを彼の製法から学びました。それを私なりに突き詰め、粉の活性力を高めるためにモルトパウダーを加え、ベーキングパウダーは生地をからっとさせる酸性タイプではなく、しっとりと仕上がるアルカリ性タイプを用い、冷凍庫で半日かけて熟成させる手法に行き着きました。密度の濃いきめと、じわりと舌を打つ甘じょっぱさが魅力の自慢の一品です。

1. 粉類と油脂を混ぜる	5℃ 12時間以上
2. ミキシング	プレーン：L50〜60秒 レーズン入り：L40〜50秒→レーズン↓L10秒
3. 成形	プレーン：16mm厚 レーズン入り：17mm厚
4. 型抜き・冷却熟成	直径5cm −6℃ 12時間
5. 焼成	上260℃(下火なし) 約12分

配合(2kg仕込み)

- フランスパン用粉(モンブラン)　25%(500g)
- 麺用粉(麺許皆伝)　75%(1500g)
- ベーキングパウダーFS(オリエンタル酵母工業)　4%(80g)
- モルトパウダー　0.5%(10g)
- 無塩バター　17%(340g)
- ショートニング　7%(140g)
- A
  - 塩　1.6%(32g)
  - グラニュー糖　23%(460g)
  - 牛乳　20%(400g)
  - 水　約31.5%(約630g)
  - 全卵　10%(200g)
- レーズン　30%(600g)
- 溶き卵

1. 粉類と油脂を混ぜる

ベーキングパウダーとモルトパウダーを合わせ、小麦粉にふるい入れ(a)、手で混ぜ合わせる。バターとショートニングを加え、粉をまぶしながら指先でつぶして小さくし(b)、両手ですり合わせて細かくしてさらさらの状態にする(c)。フードプロセッサーに5〜6秒かけ、16メッシュのふるいでふるう。冷蔵庫(5℃)で12時間以上ねかせる。

＊モルトにはデンプン分解酵素(デンプンを糖に分解する成分)が含まれ、モルトパウダーは液状モルトを凌ぐ効力をもつ。これにより工程4での熟成効果が高まる。

2. ミキシング

レーズン入りにする場合は、1を適量取ってレーズンにまぶしておく。

ミキサーボウルにAの材料を入れ、泡立て器でよく混ぜて塩と砂糖を完全に溶かす。1を加え、プレーンの場合はダマがなくなるまで低速で50〜60秒混ぜる(d)。レーズン入りの場合は低速で40〜50秒混ぜた後、粉をまぶしたレーズンを加えて低速で10秒混ぜる。生地をまとめず、積み重ねずにボウルに入れ(e)、冷蔵庫(3℃)で1時間休ませる。

3. 成形

手粉をふって、ボウルを逆さにして生地をリバースシーターの上にあける。折りたたんで約3cm厚さの四角形にする(f)。リバースシーターで2段階に分けて薄くする。まず3cmを2cm厚さにのばし、向きを90度回転させてプレーンなら1.7cm厚さ、レーズン入りなら1.8cm厚さにのばす(g)。冷凍庫(−6℃)で1時間休ませた後、もう一度リバースシーターにかけて、プレーンは1.6cm厚さに、レーズン入りは1.7cm厚さにのばす。

＊最初に生地を1回折りたたむことで、上方向への膨らみが得られる。
＊休ませてから最終的な厚さにのばすことで、生地の状態がより安定し、全体的に均一な厚みになる。

4. 型抜き・冷却熟成

直径5cmの丸型で抜く(h)。1個38g前後。霧を吹き、オーヴンペーパーをかぶせて乾燥を防ぎ、冷凍庫(−6℃)で12時間以上ねかせる。

＊型は真上から垂直に押し、生地側面を傷めないように抜く。
＊冷凍庫で半日ねかせることでゆっくりと熟成が進み、冷却によって焼成時の膨らみや色づき、完成時の形が安定する。

5. 焼成

オーヴンペーパーを敷いた天板に並べ、室温(23℃)に30分置いて生地の温度を戻す。溶き卵を上面に塗り(i)、乾いたらもう一度塗る。上火260℃(下火なし)で約12分焼く。

⑩ベーカリーのお菓子

Signifiant Signifié

巻末付録

丸め・成形の手順
補足レシピ
本書で使用した材料
本書で使用した機器・道具
索引

丸め・成形の手順

- 本書の生地はやわらかいため、生地を傷めないようにやさしく扱い、手につきやすい生地には手粉をたっぷり使う。
- 強く叩くようなパンチは必要ない。表面に飛び出した気泡(ガス)のみつぶし、生地内のガス(香り)はできるだけ抜かない。

丸形・小　丸め → 成形

丸形・小のための丸め

1 分割時はほぼ正方形にカットする。その上に手を添えるこのスタイルが基本ポジション。

2 手前をぐっと押して生地を盛り上がらせて上面を張らせる。

3 生地の右半分に力を加えながら半円を描くように前方に転がす。手の位置を戻し、また右半分に力を加えながら転がす。この一連の動作を2〜3回くり返す。*

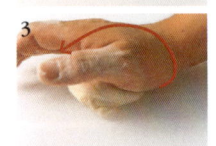

4

5

丸形・小のための成形

1 とじ目を下にして置き、生地の右半分に力を加えながら半円を描くように前方に転がす(1・2)。手の位置を戻し、また右半分に力を加えながら転がす。この一連の動作を2〜3回くり返して表面を張らせる。*

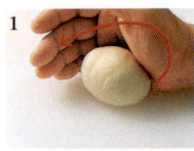

2

3  成形後の裏側の状態。たるみがすべて寄せ集められ、しっかりくっついている。

丸形・中　丸め → 成形

丸形・中のための丸め(両手編)

1 分割時はほぼ正方形にカットする。両手で丸めるために2つ並べて置く。

2 生地の端を手前にたたむ。

3 たたんだ端をぐっと下に押し込んで上面を張らせる。

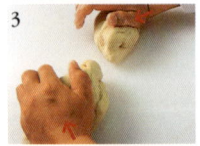

4 生地の外側に力を加えながら半円を描くように前方に転がす(4〜6)。手の位置を戻し、また外側に力を加えながら転がす。この一連の動作を2〜3回くり返す。*

5

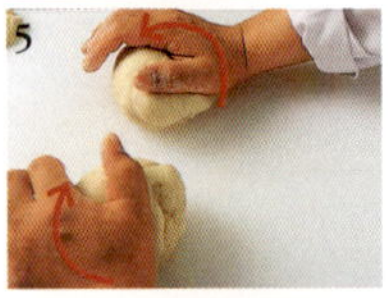

6

*生地の下半分に重点的に力をかける。上部に上から力を加えると生地内のガスが抜けてしまう。

丸形・中のための成形(両手編)

1 丸めた生地をとじ目を上にして置き、ごく軽く押さえて厚みをやや薄くし、生地の端を手前にたたむ。

2 たたんだ端をぐっと下に押し込んで上面を張らせる。

3 生地の外側に力を加えながら半円を描くように前方に転がす(3)。手の位置を戻し、また外側に力を加えながら転がす。この一連の作業をくり返して表面をしっかり張らせる。*

4 成形後の生地の裏側(4)。たるみがすべて寄せ集められ、しっかりくっついていればよい。

丸形・大　丸め → 成形

丸形・大のための丸め

1　分割時はほぼ正方形にカットし、円形に近い形に置き直す。

2　とじしろを少し残して手前からたたむ。

3 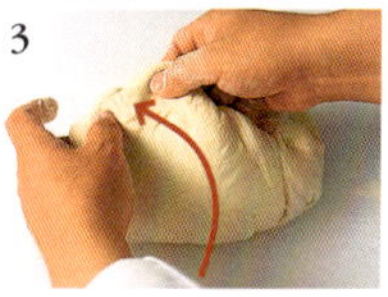　上の写真の▲印を●印に向かってたたむ。

4・5 　3と同じ要領で、左端を盛り上がっている部分に向かってたたむ動作をくり返す。生地が1回転するころには表面がつるんと張った丸形になる。最後の端を裏側に引っ張り込み(4)、ゆるまないようにしっかりくっつける(5)。

丸形・大のための成形（順回転編）

1　丸めた生地をとじ目を上にして置く。

2　手前へとたたむ。

3 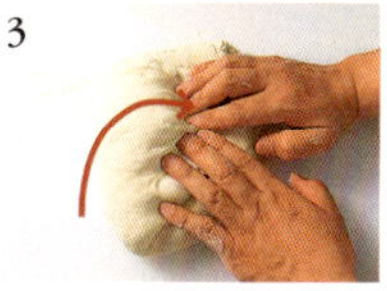　上の写真の▲印を●印に向かってたたむ。

4 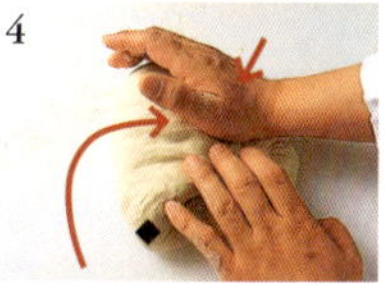　上の写真の▲印を●印に向かってたたみ、右手で押さえる。

5　4の写真の◆印を盛り上がっている部分に向かってたたみ、右手で押さえる。

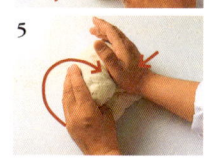

6・7 　5の作業をくり返す。生地が1回転するころにはほぼ球形になる。最後の端を左手でつかんで右手の中に引っ張り込み(6)、右手の手刀で生地をしっかりねじる(7)。*1

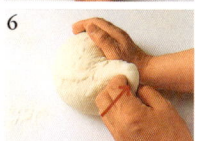

8　7でねじった部分。生地のゆるみが寄せ集められ、しっかりねじってゆるまなくなっていればよい。この部分が仕上がり時の裏側になる。

丸形・大のための成形（逆回転編）

1　丸めた生地をとじ目を上にして置く。

2　手前へとたたむ。

3 　上の写真の▲印を●印に向かってたたむ(1回目)。

4 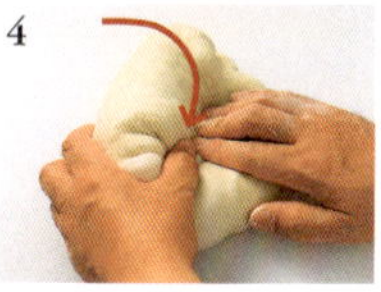　上の写真の▲印を●印に向かってたたむ(2回目)。*2

5 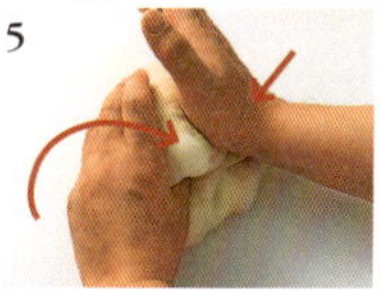　上の写真の◆印を●印に向かってたたみ、右手で押さえる。

6・7 　5と同じ要領で、左端をたたんで右手で押さえる動作をくり返す。生地が1回転するころには球形になる。最後の出っぱりを左手でつかんで右手の中に引っ張り込み(6)、右手の手刀で生地をしっかりねじる(7)。*1

8　7でねじった部分。この部分が仕上がり時の裏側になる。生地のゆるみが寄せ集められ、最後にねじった部分に他の生地がぐいっと引っ張られていればよい。

*1　生地の右側面に最後の端を持ってきて、その端をねじり上げてゆるまないようにする。

*2　2回目までの折りたたみは、毎回生地の右端をたたみ、左記順回転編とは逆の回転になる。この2回分の折りたたみでできた膨らみを芯にして、3回目以降はその芯に巻きつけるように、順回転に戻してたたんでいく。
◎逆回転のこの手法の方が、左記順回転編よりも生地の芯が大きくなるため、表面がよりぴんと張り、焼成後のボリュームがより大きくなる。

くるくる2回巻き　丸め → バゲット形　成形

バゲット形のための丸め（くるくる2回巻き）

1 バゲットや同じように長い棒状に仕上げる場合は、分割時に横長の長方形にカットしておく。短めの棒状に仕上げる場合は、正方形にカットする。

2 手前から1/3をたたむ。

3 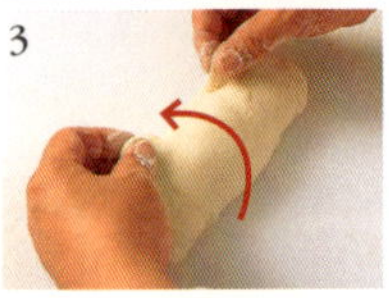 もう一度手前からたたむ。*1・2

4 生地の端をぐっと下に押し込んで表面を張らせる。

*1 くるくると2回巻いた格好になり、側面から見ると巻き目が「の」の字に見える。
*2 より強く張らせたければ、手前からではなく、向こう側から手前に向かってたたむとよい。
◎ここで使用している生地は、説明しやすいようにかためにつくってあり、P.42のバゲット生地ではない（本物はもっとやわらかい）。

バゲット形のための成形

1 丸めた生地をとじ目を上にして置く。表面に気泡がぶくっと飛び出していれば、手のひらで軽く押さえてつぶす。
＊表面の気泡をつぶすときは強く叩かない。

2 手前から1/3を押し上げてたたみ(2)、しっかりくっつける(3)。
＊やわらかい生地は、つまみ上げるとのびて変形するため、写真のように指の側面で押し上げる。

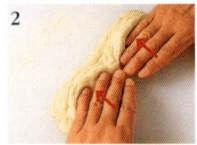

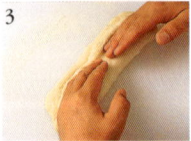

3 生地を持ち上げて軽く左右に引っ張って置き直す。生地の丸みに沿うように手のひらに丸みをもたせ、生地を上から軽く押さえ(4)、表面に飛び出している気泡をつぶす。*3

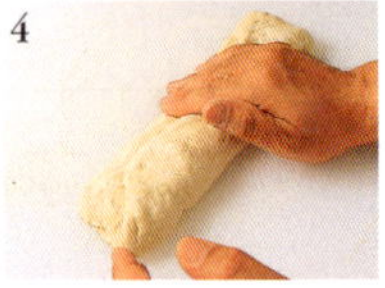

4

5  向こう側から1/3を、右端から順に折りたたんでいき、しっかりくっつける。

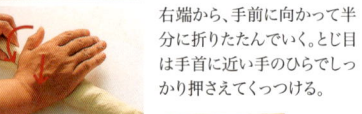

6 右端から、手首に向かって半分に折りたたんでいく。とじ目は手首に近い手のひらでしっかり押さえてくっつける。

7  前後に転がして、棒状に整える。

*3 生地内部のガスまで抜かないように、手のひらを生地の形に沿うように曲げる。

中央の太い くるくる2回巻き 丸め → バゲットアンシエンヌ形 成形

バゲットアンシエンヌ形のための丸め

1. 分割時に正方形にカットしておく。
2. 手前の両角を内側に寄せながら、1/3をたたむ。*4 
3. 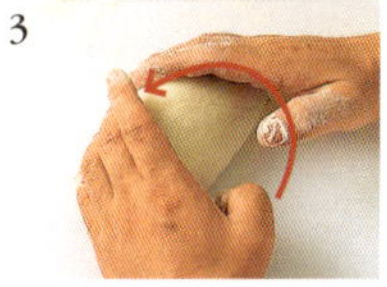 もう一度手前からたたむ。*5 
4.  生地の端をぐっと下に押し込んで表面を張らせる。

*4 両角を内側に寄せることで中央がぷくんと膨らむ。
*5 くるくると2回巻いた格好になる。両端よりも中央が膨らんでいる。
◎ここで使用している生地は、説明しやすいようにかためにつくってあり、P.46のバゲットムニエの生地ではない(本物はもっとやわらかい)。

バゲットアンシエンヌ形のための成形

1. 丸めた生地をとじ目を上にして置く。表面に気泡がぷくっと飛び出していれば、手のひらで軽く押さえてつぶす。
   *表面の気泡をつぶすときは強く叩かない。
2. 手前から1/3を押し上げてたたみ(2)、しっかりくっつける(3)。
   *やわらかい生地は、つまみ上げると生地がのびて変形するため、指の側面で押し上げる。
3.  
4.  生地の形に沿うように手のひらに丸みをもたせ、生地を上から軽く押さえて表面に飛び出している気泡をつぶす。*3
5. 向こう側から半分にたたみ、しっかりくっつける。 
6. 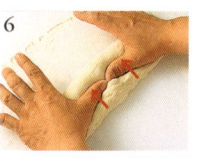 生地のとじ目に親指を当てて前方にぐっと押し、向こう側の生地をぷくっと盛り上がらせて張らせる。 
7.  生地の形に沿うように手のひらに丸みをもたせ、生地を上から軽く押さえて表面に飛び出した気泡をつぶす。
8. 右端から、向こう側から半分にたたむ。とじ目を手首に近い手のひらでしっかり押さえてくっつける。 
9.  左右互い違いに前後に転がして、両端を細くのばしつつ形を整える。

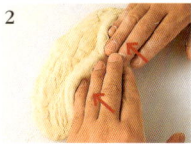

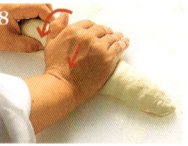

クッペ形　丸形 → クッペ形

クッペ形のための成形

1. 丸めた生地をとじ目を上にして置き、手のひらで軽く押さえて中央が高く、縁にいくにつれて薄くなるように整える。
2. 手前から半分にたたみ、しっかりくっつける。 
3.  とじ目を手前にぐっと引き寄せ、生地の手前側をぷくっと盛り上がらせて張らせる。 
4. 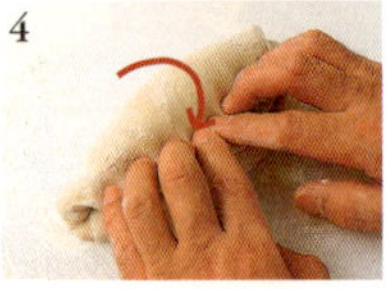 とじしろを少し残して手前へとたたみ、しっかりくっつける。 
5. 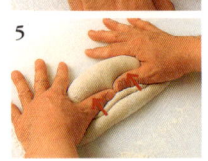 とじ目に親指を当てて前方にぐっと押し、向こう側の生地をぷくっと盛り上がらせて張らせる。 
6. 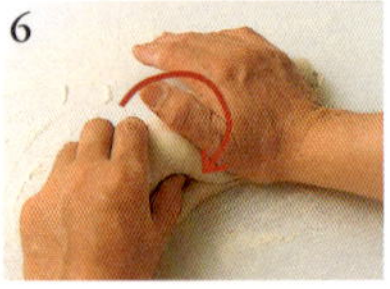 向こう側から半分にたたむ。とじ目を手首に近い手のひらでしっかり押さえてくっつける。 
7. 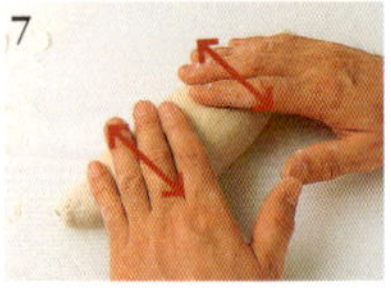 前後に軽く転がして、形を整える。

なまこ形　丸形 → なまこ形

なまこ形のための成形

1. 丸めた生地をとじ目を上にして置き、手のひらで上から軽く押さえ、さらに左右から中央へ寄せるようにして縦長の楕円形に整える。
2. 手前から半分にたたみ、しっかりくっつける。 
3. 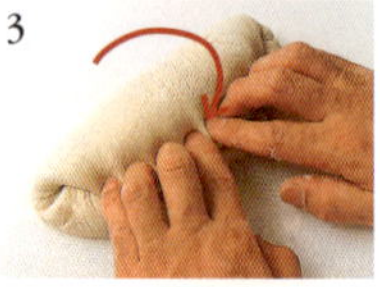 とじしろを少し残して手前へとたたみ、しっかりくっつける。 
4. 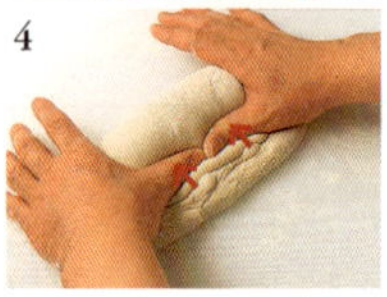 とじ目に親指を当てて前方にぐっと押し、向こう側の生地をぷくっと盛り上がらせる。 
5. 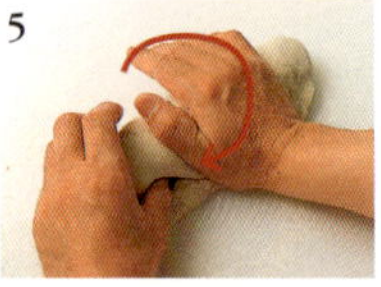 向こう側から半分にたたむ。とじ目を手首に近い手のひらでしっかり押さえてくっつける。 
6. 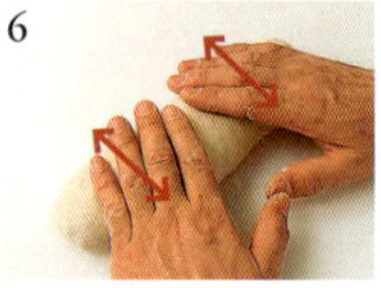 前後に軽く転がして、形を整える。

円柱形　丸形 → 円柱形

円柱形のための成形

1. 丸めた生地をとじ目を上にして置き、手のひらで上から軽く押さえ、さらに左右から中央へ寄せるようにして縦長の楕円形に整える。
2. 手前から、生地の左右を外側に引っ張って広げながらたたみ、しっかりくっつける。 
3.  とじしろを少し残して、2と同様に左右を外側に引っ張って広げながら、手前へとたたむ。しっかりくっつける。 
4.  左右から中央に押して幅を縮める。
5. 向こう側から半分にたたむ。とじ目を手首に近い手のひらでしっかり押さえてくっつける。 
6.  前後に軽く転がして、形を整える。

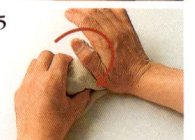

補足レシピ

P.71 デニッシュ用
クレーム・パティシエール

材料(つくりやすい分量)

牛乳　1000ml
ヴァニラビーンズ　1本
卵黄　12個
グラニュー糖　200g
フランスパン用粉　120g
無塩バター　50g

1　鍋に牛乳と割いたヴァニラビーンズを入れて沸かす。
2　卵黄とグラニュー糖を白っぽくなるまで混ぜ合わせ、フランスパン用粉を混ぜ入れる。
3　2に1の半量を注いでよく混ぜ、残りも加え混ぜ、漉す。
4　銅鍋に入れて火にかけ、泡立て器で混ぜながらつやがでてくるまで加熱する。
5　火から下ろしてバターを加え混ぜ、バットに広げ、ラップフィルムを密着させて冷ます。冷蔵保存する。

P.71 デニッシュ用
クレーム・ダマンド

材料(配合比)

アーモンドプードル　100%
薄力粉　5%
無塩バター(室温にもどす)　100%
グラニュー糖　80%
全卵　100%
ラム酒　2%

1　アーモンドプードルと薄力粉は合わせてふるう。
2　製菓用ミキサーにビーターを装着する。室温にもどしたバターを白っぽくなるまで攪拌し、グラニュー糖を加える。グラニュー糖が混ざったら、全卵を少しずつ加えていく。
3　全卵が混ざったらボウルをミキサーから外し、1を加えてゴムべらで混ぜ、仕上げにラム酒を混ぜ入れる。

P.74 イングリッシュメロンパン用
マロングラッセ入り用の皮生地

配合(粉2kg仕込み分)

薄力粉(バイオレット)　80%(1600g)
アーモンドプードル(皮つき)　20%(400g)
ベーキングパウダー　2%(40g)
無塩バター　50%(1000g)
粉砂糖　60%(1200g)
全卵　30%(600g)

1　薄力粉、アーモンドプードル、ベーキングパウダーを合わせてふるう。
2　ビーターを装着した製菓用ミキサーでバターをクリーム状になるまで攪拌し、粉砂糖を混ぜ入れ、全卵は少量ずつ混ぜ入れる。
3　ミキサーからボウルを外し、1のふるった粉を加えて混ぜる。鉄板に約2cm厚さに広げ、冷凍庫(−7℃)で12時間以上冷やす。

P.176 シュトーレン用
澄ましバター

無塩バターを熱して焦がさないように液状に溶かす。これをバターが凝固しない程度の温度下に放置すると、乳脂肪以外のたんぱく質などが底に沈む。黄金色の、透き通った上澄みが澄ましバター。別の容器にすくい取って使用する。

本書で使用した材料

発酵材料

生イースト
酵母を純粋培養して圧縮したもの。酵母が生きている。ミキシング時に直接混ぜ入れることもできるが水に溶く方が確実に分散させられる。オリエンタル酵母工業製、LT3。

ドライイースト
生イーストを最終製造工程で乾燥させて顆粒状にしたもの。湯でもどしつつ予備発酵させて使用する。フランス、サフ製。

インスタントドライイースト
予備発酵の手間を省いた乾燥顆粒状のイースト。冷水に溶くと団子状に固まりやすいため、粉に混ぜてよく分散させる。フランス、サフ製、赤ラベル。

ホップ
クワ科植物ホップの実。ホップ種づくりに使用。

米麹
米にコウジカビなどの微生物を繁殖させたもの。ホップ種づくりに補助的に使用。

サワー種スターター
単一乳酸菌をライ麦粉に植えつけたもの。サワー種づくりに使用。ドイツ、ボッカー製(取扱い:パシフィック洋行)。

モルトエキス
発芽大麦を原料とする濃縮麦芽糖。どろっとして溶けにくいため、本書では同量の水で溶いて使用。小麦やライ麦のでんぷんを分解する酵素を含み、酵母の働きを活性化させる。

モルトパウダー
左記モルトエキスの顆粒タイプ。エキスよりも、さらに活性化させる力が強い。

粉状副材料

アーモンドプードル(皮つき)

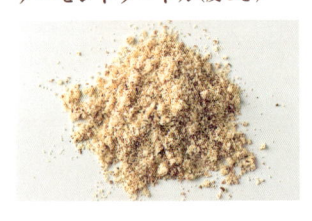

アーモンドプードル(皮なし)

ヘーゼルナッツ粉(皮つき)

マロンパウダー
栗の実を乾燥粉砕したもの。イタリア製。 

コーンミール
トウモロコシを乾燥粉砕したもの。

サフランパウダー
サフランをミルで粉砕したもの。

ラズベリーパウダー
ラズベリーを乾燥粉砕したもの。

きび砂糖
甘みを加えるために使用。ミネラル分を多く含む分、白砂糖よりもコクがでる。すっきりした甘さを求める場合は白砂糖を使用。

パン粉

生パン粉 
前日の食パンやバゲットをフードプロセッサーで細かくしたもの。

ローストパン粉 
生パン粉をオーヴンで焼いたもの。

野菜加工品、エディブルフラワー

フライドオニオン 
きざみ玉ねぎに小麦粉をつけて大豆油で揚げ、油をよく切り、乾燥させたもの。

セミドライトマトの油漬け 
セミドライトマトを各種ハーブやにんにくとともにオリーブ油に漬けたもの。

マリーゴールド 
マリーゴールドの花を乾燥させたもの。

ドライフルーツ類

グリーンレーズン

レーズン

カランツ

ドライブルーベリー

ドライサワーチェリー

ドライクランベリー

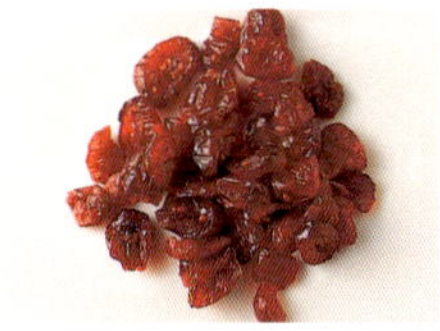

セミドライイチジク

ドライマンゴー

オレンジピール

ナッツ、種子類

アーモンド

カシューナッツ

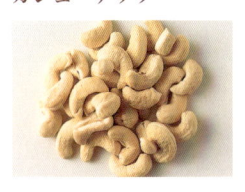

マカデミアナッツ

クルミ

ピスタチオ

ひまわりの種

亜麻の実（亜麻仁）
写真はローストしたもの。日本には生の実は輸入されていない。 

キャラウェイシード

ポワブルロゼ

グリーンペッパーの水煮

本書で使用した機器・道具

スパイラルミキサー
ボウルの中心に太い心棒があり、アームはコイル状。ボウルが回転し、アームも自転する。縦型ミキサーよりも生地をやさしくこねられ、本書のパンのような生地には適している。低速：アーム137回転/分、高速：アーム275回転/分（ボウル兼用モーター）。本書のパンの、2種類を除くすべてに使用。

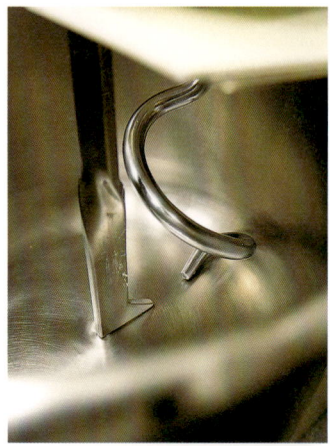

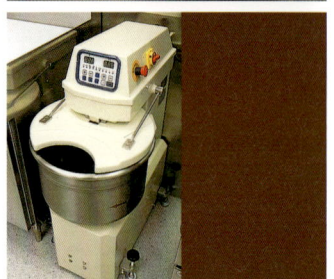

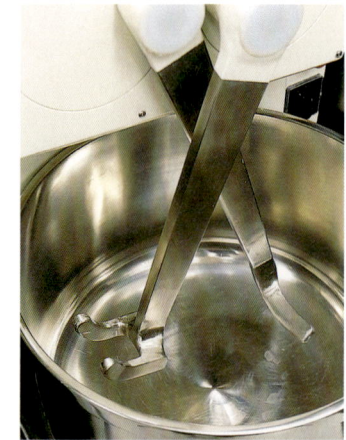

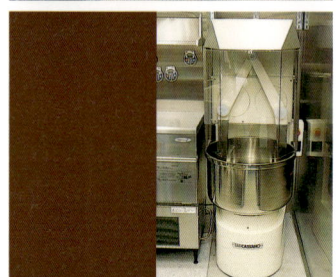

ダブルアームミキサー
ボウルが回転し、2本のアームは左右対称に上下に動き、同時に左右にも動く（生地を持ち上げては落とす人の手の動きに似ている）。左のスパイラルミキサーよりもさらに生地をやさしくこねられる。低速：アーム31回上下動/分・ボウル5回転/分、高速：47.7回上下動/分・ボウル7.6回転/分。イタリア、サンカシアーノ製。本書のバゲットとバゲットムニエに使用。

オーヴン
ガス熱源の業務用オーヴン。上火と下火をそれぞれ随意の温度に設定でき、蒸気注入の機能も備える。焼成室は合成石を積み上げてつくってあり、石窯に似た効果がある。熱循環、蓄熱ともに電気オーヴンより優れている。ルクセンブルク、ハイン製。

スリップピール
窯内に生地を入れるための道具。キャンバス地の上に生地を並べ、窯内に挿入し、布をベルトコンベアーのように回転させながら引き抜く。

ホイロ（ドウコンディショナー）
温度と湿度を随意に設定できる冷蔵温蔵庫。生地や発酵種の発酵、保存に使う。本書使用機種の温度設定域は−15〜40℃、湿度設定域は60〜80％。

ミキサー、オーヴン、ホイロについての問合せ先：パシフィック洋行㈱ 機械部：03-5642-6082

生地箱（ドウボックス）
こね上げた生地を入れる容器。本書使用の箱は53×41×高さ14cm。膨倍率が2倍程度の生地なら粉4kg仕込みまで、3倍程度の生地なら3kg仕込みまで対応。重ねられる形状のものは番重とも呼ぶ。

番重（寝かせ箱）　キャンバス地（帆布）
丸めた生地や成形した生地を入れる蓋付きの、重ねられる容器。生地が付着しないようにキャンバス地を敷いて使う。

天板（オーヴンプレート）　鉄板
天板はクロワッサンなどを並べてそのままオーヴンに入れられる焼成用の金属製板。フッ素樹脂加工したものなら油脂をぬらなくてもよい。鉄板はブリオッシュやクロワッサンなど、バターの配合量の多い生地を冷凍・冷蔵庫で冷やす際に使う。薄い金属板は熱を放出しやすい。

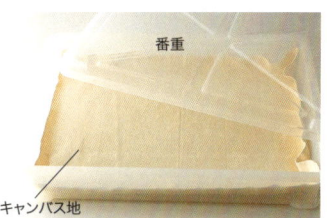

棹ばかり
分割の工程で生地の重量をはかるときに使用する。棹の傾き加減で重さを判断できる。本書使用のものは最大秤量2kg、最小秤量20g、目盛は1g単位。

非接触温度計　pH計　アルコール温度計
非接触温度計は対象物に直接触れさせなくても、離れた場所から温度を測定できる。ミキシング中の生地をミキサーを止めずに手元ではかることができる。pH計は生地や酵母の酸・アルカリ度をはかるのに使用する。生地に直接挿して測定する。アルコール温度計も使用頻度が高い。

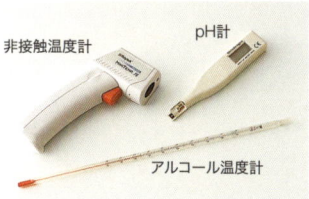

スケッパー　カード
スケッパーはステンレス製。生地を分割するときなどに使用する。カードはプラスティック製。生地を掻き落としたり、はがし取ったり、2枚で挟んで持ち上げたりするのに使う。

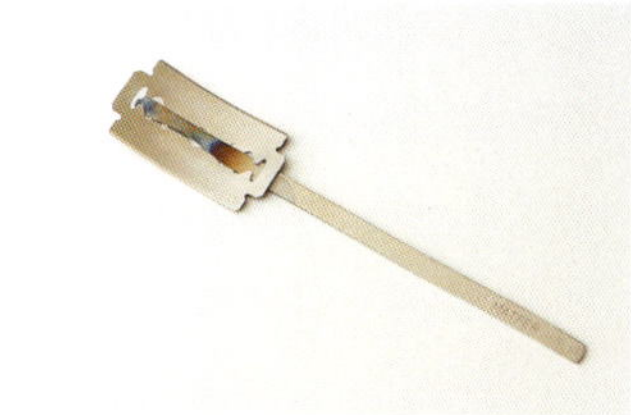

クープナイフ
かみそりの刃のように薄く、鋭い刃を柄の先に固定したもの。クープを入れるときに使用する。

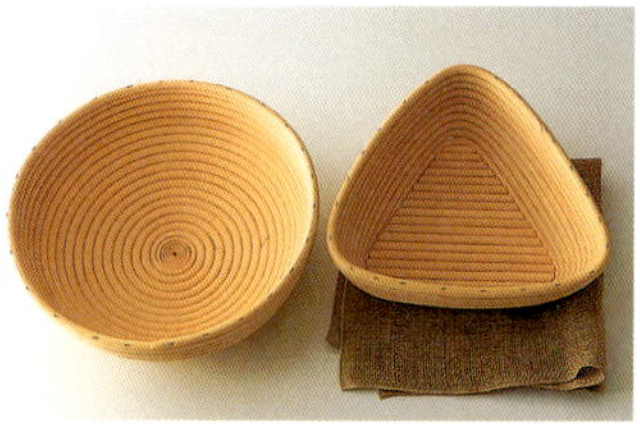

籐かご
生地を仕上がりの形に保って発酵させるための籐製のかご。目の粗い麻布を敷いてから生地を入れる場合と直接生地を入れる場合とがある。直接入れると籐の筋模様がパンの表面につく。写真は特注品。

角型
食パン、角形のパンや発酵菓子を焼くときに使用する型。セラミック加工やフッ素樹脂加工を施したものは油脂をぬらなくてもよい。また凹凸加工を施すと表面積が広くなり、熱伝導がよくなる。写真は特注品。

トヨ型
かまぼこを逆さにしたような形の型。セラミック加工やフッ素樹脂加工を施したものは油脂をぬらなくてもよい。

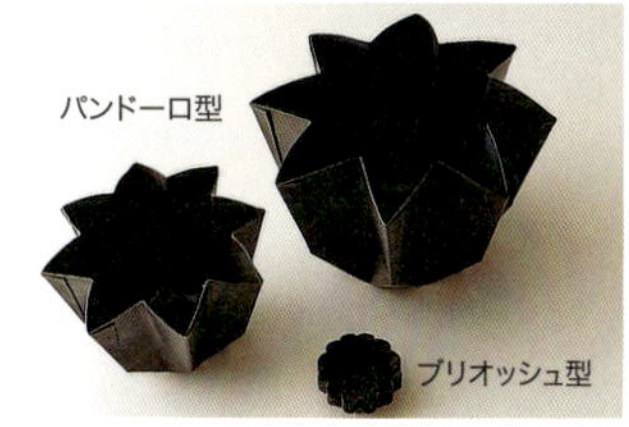

パンドーロ型　ブリオッシュ型
パンドーロには八角星形の専用の型が必要。表面積が広くなるように工夫されている。ブリオッシュ用の型は花のような形。セラミック加工やフッ素樹脂加工を施したものは油脂をぬらなくてもよい。

索引

●あ
アーモンド　177, 203
アーモンドプードル、皮つき　201, 202
アーモンドプードル、皮なし　171, 202
アールグレイ　75
アーレファイン　37
アーレミッテル　37
アインパッケン　170
赤ワイン　171, 177
小豆　49
アプフェルシュトゥルーデル　186
亜麻の実(亜麻仁)　141, 144, 203
アルコール温度計　205
アンチョビ　151
イースト　10, 11, 13, 202
イタリエニッシュ　62
イタリエンヌ　94
イチジクの赤ワイン煮　171
イングリッシュメロンパン　73
インスタントドライイースト　13, 202
ヴァニラシュガー　177
ヴァニラビーンズ　176, 180
ヴァイツェン　87
ウィスキー　191
上火　30
エーデル　83
エディブルフラワー　203
円柱形　200
オーヴン　30, 31, 204
オーヴンプレート→天板
オーション　34
オーツ麦粉　36, 37
オートリーズ(法)　23, 46, 78
オリーブ　61, 149
オレンジピール　191, 203

●か
カード　205
灰分　33, 35, 37
角型　205
カシューナッツ　91, 203
型　29, 38
かぼちゃピューレ　63
窯　30, 31, 204
窯入れ　30
カランツ　165, 191, 203
機器　22, 204
生地の扱い方　25
生地箱　205

きび砂糖　202
キャラウェイシード　131, 203
キャンバス地　27, 205
強力粉　34
キルシュブロート　168
クープ　29
クープナイフ　205
クッペ形　200
グラサージュ　181
クラスト　38
グラッパ　177
クラム　38
グリーンペッパーの水煮　91, 203
グリーンレーズン　133, 203
グリストミル　34
グルテン　33
クルミ　107, 139, 165, 177, 203
クレーム・ダマンド　71, 201
クレーム・パティシエール　71, 201
黒ビール　98
クロワッサン　67
コーニッシュサフランケーキ　189
コーンミール　133, 202
酵母　10, 11, 12
こしょう　191
コテージ　166
コテージブレッド　166
粉　32, 33, 34, 35, 36, 37
こね上げ温度　23
ごま　93, 139, 141, 144
小麦粉　33, 34, 35
小麦全粒粉→全粒粉
小麦たんぱく　33
小麦でんぷん　33
米麹　18, 202
コリアンダーパウダー　191

●さ
材料　22, 202
棹ばかり　205
作業環境　22
雑菌　11
サフランパウダー　191, 202
サフランシュガー　191
サワークリーム　169
サワー種　20
サワー種スターター　20, 202
下火　30

室温　22, 38
湿度　22
シナモンパウダー　187, 191
種子類　203
シュタインマーレン　35
シュトゥロイゼル　74
シュトーレン　175
常温→室温
しょうがのはちみつ煮　59
蒸気　30
上新粉　98
焼成　30, 31
賞味期限　31
しょうゆ　120
ジョーカーA　35
ショートニング　193
スケッパー　205
スコーン　192
スパイラルミキサー　204
澄ましバター　177, 201
スライス　31
スリーグッド　34
スリップピール　30, 204
成形　28, 196
製法　23
セザム エ パタート　92
セミドライトマトの油漬け　61, 95, 203
セミドライイチジク　171, 203
セモリナ粉　35, 95
全粒粉　35

●た
大納言　48
タイプ65　34
ダブルアームミキサー　204
チャバタ　57
中央の太いくるくる2回巻き　199
長時間発酵　39
チョコレート　55, 181
低温長時間発酵　13, 25, 26
手粉　27, 38
デトランプ　68
デニッシュ　70
天板　205
藤かご　29, 205
道具　22, 204
ドウコンディショナー→ホイロ
豆乳　120
豆乳ブレッド　119

ドウボックス→生地箱
溶き卵　38
トマーテン　60
トヨ型　205
ドライイースト　13, 202
ドライクランベリー　164, 203
ドライサワーチェリー　169, 177, 191, 203
ドライフルーツ　22
ドライフルーツの洋酒漬け　191
ドライブルーベリー　164, 203
ドライマンゴー　203
ドライマンゴーのワイン煮　185
取り板　30

●な
中種法　23
ナッツ　22, 203
生イースト　13, 202
なまこ形　200
生パン粉　136, 203
にんじんピューレ　63

●は
ハードトースト　159
バゲット　41
バゲットアンシエンヌ形　199
バゲット形　198
バゲットムニエ　34, 45
バジル　95
バターの温度調節　22
はちみつ　123, 125, 187
発酵　10, 25, 26
発酵材料　202
発酵種　10, 11, 12, 14, 15, 16, 17, 18, 20, 185
発酵バター　176, 184
ハニーブレッド　124
パニエ　85
パン オリーブ　148
パン オ ルヴァン　103
パン粉　203
番重　205
パンチ　27
パンドーロ　113
パンドーロ型　115, 205
パン ド カンパーニュ　155
帆布→キャンバス地
ビアブロート　97
ビオ　34, 35, 37
ビオオーツ麦粉　37, 110

ビオタイプ65　34
ビオタイプ170　35
ビオライ麦粉　37, 110
ピスタチオ　184, 203
非接触温度計　205
ひまわりの種　131, 203
ビューリー　163
微量イースト　39
ファインブロート　129
フライドオニオン　61, 131, 151, 203
フランス産小麦粉　34
フランスパン用粉　34
フリーカ　55
ブリオッシュ　77
ブリオッシュ型　79, 205
ブリオッシュ ナンテール　79
フロッケンセザム　138
分割　28
ベーカーズパーセント　38
ベーキングパウダー　193
ヘーゼルナッツ粉　74, 202
pH(ペーハー)　38
pH計　205
ペチカ　34
ペントザン　36
ホイロ　25, 204
ほうれん草ピューレ　63
ホップ　18, 202
ホップ種　18
ボリュームアップ　27, 28
ポワブル エ ノア　90
ポワブルロゼ　91, 203

●ま
マカデミアナッツ　55, 177, 203
マスカルポーネチーズ　123
マリーゴールド　184, 203
丸形・小　196
丸形・大　197
丸形・中　196
MARUブロート　109
丸め　28, 196
マローネン　179
マロングラッセ　74, 180
マロンスティック　181
マロンパウダー　180, 202
ミキサー　23, 204
ミッシュブロート　129
ムールドピエール　34

メールダンケル　37
メロンパン→イングリッシュメロンパン
メロンパン皮生地(マロングラッセ入り用)　74, 201
麺許皆伝　35
麺用粉(中力粉)　35
モルトエキス　38, 202
モルトパウダー　193, 202
モンブラン　34

●や
焼きいも　93
野菜加工品　203
休ませる　27
ヨーグルト　88, 125
洋酒漬けフルーツ&ナッツ　177

●ら
ラード　91, 98
ライフレーク　37, 139, 144
ライ麦粉　36, 37
ライ麦たんぱく　36
ラインザーメン　140
ラズベリーパウダー　169, 202
ラム酒　180
リスドオル　34
リュスティック　53
りんごのカラメルソテー　187
ルヴァン液種　17
ルヴァン種　16, 101
ル クール　183
レーズン　15, 107, 139, 177, 187, 191, 193, 203
レーズン種　15
冷蔵長時間発酵　13, 25, 26
レモン種　185
ロイヤルローフ　122
老麺　14, 81
ローストパン粉　144, 203
ローズマリー　63
ローリング　68
ロジーネン　132
ロジーネン&ヴァルヌス　106
ロゼブロート　135
ロッゲンフォルコン　143
ロワニョン　150

Photographs	Takeshi Noguchi
Design	Tomohiro Ishiyama
Typesetting	Office Masamichi Akiba
Cooperation	Asuka Yagi, Go & Hiromi Narisawa
Edit	Kaoru Minokoshi

製パンスタッフ　荒木友里　海野由希子　豊田裕子

◎著者の店　シニフィアン・シニフィエ
　　　　　　https://signifiantsignifie.com/

酵母から考えるパンづくり

初版発行　2007年4月30日
9版発行　2024年9月10日

著者©　志賀勝栄(しが かつえい)

発行者　丸山兼一
発行所　株式会社 柴田書店
　　　　東京都文京区湯島3-26-9 イヤサカビル 〒113-8477
　　　　電話　営業部 03-5816-8282(注文・問合せ)
　　　　　　　書籍編集部 03-5816-8260
　　　　ホームページ　https://www.shibatashoten.co.jp

印刷・製本　大日本印刷株式会社

本書収録内容の無断掲載・複写(コピー)・引用・データ配信等の行為はかたく禁じます。
落丁、乱丁本はお取り替えいたします。

ISBN 978-4-388-06016-0
Printed in Japan